消费行为心理学

书胜◎编著

中国纺织出版社有限公司

内 容 提 要

销售就是一场心理博弈，一眼读懂消费者行为，一句话说到消费者内心，抓住对方心理。一旦销售人员洞悉消费者心理，懂消费者想要的，及时给予并引导交易达成，那就能成为优秀的产品经理。

本书以心理学理论为基层，以丰富翔实的案例作为解析，系统阐述了消费者行为心理的基本规律，深度剖析了一系列行之有效的营销策略，从细节着手，以客户为重点，探析营销技巧，助你成为炙手可热的营销大师。

图书在版编目（CIP）数据

消费行为心理学 / 书胜编著. --北京：中国纺织出版社有限公司，2021.4
ISBN 978-7-5180-7813-4

Ⅰ. ①消… Ⅱ. ①书… Ⅲ. ①消费心理学 Ⅳ. ①F713.55

中国版本图书馆CIP数据核字（2020）第163616号

责任编辑：闫　星　　责任校对：高　涵　　责任印制：储志伟

中国纺织出版社有限公司出版发行
地址：北京市朝阳区百子湾东里A407号楼　邮政编码：100124
销售电话：010—67004422　传真：010—87155801
http: //www.c-textilep.com
中国纺织出版社天猫旗舰店
官方微博 http: //weibo.com/2119887771
三河市延风印装有限公司印刷　各地新华书店经销
2021年4月第1版第1次印刷
开本：710×1000　1/16　印张：13
字数：180千字　定价：39.80元

前言

为什么女人在衣服、化妆品面前总是挪不动脚步，忍不住买买买，就算价格贵得离谱也毫不犹豫“剁手”，却在菜市场因几毛钱与小摊讨价还价？为什么男人喜欢买电子产品，舍得在游戏上花钱，但身上即使穿了好几年的衣服却舍不得买新的？

如上述例子，每个人有自己的消费习惯，就好像每个人有其他的习惯，消费行为心理也是其中之一。现代经济学里，由于人自身的限制，用户并非绝对理性，这催生了一门新的学科——消费心理学。消费心理学是研究人们为什么要买东西的学科，通过消费心理学，可以了解人们出于什么选择消费，以及他们如何应对营销的影响，以及说服人们购买某些产品的外部刺激。毕竟人们的行为是由外部刺激驱动的，换而言之，消费者被说服去做一些事情是因为一些外部的影响。消费者所有的想法、行为和感觉都是行为，它们是由外部刺激引起的，比如当某一件产品能够唤起消费者曾经的记忆，那消费者就会倾向于购买这件产品。

深谙消费行为心理学，人人都是产品经理。如何推广产品，提升销量的“套路”，其中的底层逻辑，其实是依据消费者行为和心理来做调整。消费者为什么在付款时停止交易？为什么你絮絮叨叨半天，消费者依然不为所动？为什么消费者总喜欢占便宜？……这几乎是所有销售人员百思不得其解的问题，但问题背后是基于消费者心理变化而做出的行为。简而言之，消费者有什么样的心理，就会产生什么样的行为。如果销售人员能够揣摩清楚消费者的心理，那就可以对症下药、攻心为上，契合消费者心理，从而让消费者做出好的选择。

俗话说得好："买家不如卖家精。"不懂心理学的销售人员，往往会在销售过程中苦恼不堪，常常为没有订单而发愁。当销售人员通过心理学了解到消费者真实的需求，施以心理策略，便会让消费者沉浸在购物的欣喜中，销售人员通过深入了解消费者购买过程中心理和行为变化的原因，从而制订一系列有效的策略，促进消费。

编著者

2020年11月

目　录

第一篇　察言观色

第一篇

察言观色

第1章　心理解读，留心观察客户的肢体语言

心理学研究发现，一个人向外界传达信息的时候，单纯靠语言表达的成分只有7%，语气和声调占了38%，剩下的55%基本上都来自肢体语言。很多时候，人们运用肢体传递信息，自己并没有觉察。客户也是同样的，尽管嘴上说很多客气的话敷衍销售员，但是却无法掩饰肢体语言所透露出来的真实信息。销售员在和客户的接触中，不能单纯地听客户说什么，而要从客户的身体语言来洞悉客户的心理。从客户的眼睛、头部动作、坐姿以及手的动作来捕捉有价值的信息，从口头语和声调变化中正确解读客户的心理。

读懂客户眼神，捕捉有价值的信息

王梅是学市场营销的，毕业之后，在一家化妆品公司做销售。

有一次，她在公司碰到了一位客户——刘小姐。刘小姐对她的产品很感兴趣，拿着一套化妆品翻来覆去地看。王梅非常高兴，觉得刘小姐一定是位准客户。于是，她开始给刘小姐介绍化妆品的优势和特点。

王梅滔滔不绝地讲了十几分钟，刘小姐眼睛一眨不眨地盯着王梅看，王梅讲完后，刘小姐拿着化妆品想了想，还给王梅，转身走了。

王梅心里非常不解，明明刘小姐一直盯着她看呢，而且对产品的效果进行了详细的了解，是十拿九稳的准客户，为什么最后却没有买化妆品呢？

从这个故事中我们可以了解到，眼睛是心灵的窗户，客户在想什么，销售员可以通过眼睛看得清清楚楚。事实上，刘小姐一直盯着王梅看，已

经把她的态度和情绪表达出来了。王梅注意到了，但却没有正确地解读。所以，销售员在与客户交谈的过程中，要从客户的眼睛里准确地捕获有用信息。

眼睛就是客户赤裸的内心，顾客在想什么，可以通过眼睛看得清清楚楚。一个人的话能骗人，但是眼睛却骗不了人。因为眼睛是传达感受的焦点，瞳孔的运动是独立、自觉、不受意志控制的。事实上，一个人的眼睛所传递的信息是最准确的，同时也是最有价值的。销售过程中，销售员捕捉客户的眼神不难，难的是如何正确地解读，从各种不同的眼神中得到对自己有用的信息。下面，我们就解读一下几种不同的眼神所传达的含义。

◆ 直直地盯着你看

在销售员和客户的交流过程中，很多客户会直直地盯着销售员看，但是最终却没有购买。很多销售员以为客户对他很感兴趣，事实上，客户盯着你看，很大成分上是对你的质疑，对你所持的观点反对或不赞同。这时候如果你解读错了，理解不了客户的态度和情感，无形之中就让客户和你对立起来。这样，客户怎么可能再和你合作呢？就像案例中的那位客户一样，一直盯着销售员看，已经表明客户不认同销售员所介绍的产品，而王梅却锲而不舍地解说，客户自然不会购买了。所以，不要以为顾客盯着你看，就是喜欢、认可你。恰恰相反，如果这时，客户的目光从你身上转移，则代表对方开始屈服了。

◆ 不停地眨眼睛

在人际交往中，当一个人对别人不屑一顾的时候，往往会眨眼睛，而且频率非常慢，以此来表达蔑视和嘲笑。在销售员和客户的交谈中也一样。所以，当你发现客户眨眼的频率变慢的时候，那就意味着对方对你所说的内容没有一点兴趣，如果你继续进行下去，势必没有任何效果，而且还会引起客户的反感。这时候就要积极地改变策略，转移话题，重新想办法说服客户。当你发现客户眨眼睛的频率变快的时候，说明你的说服起到作用了，客户开始动心了。

◆ 斜着眼睛看你

当客户的目光从你的身上转移，目光变得游离，斜着眼睛看你的时候，说明客户的一种什么心理状态呢？有可能对方对你很感兴趣，想要进行下一步合作；也有可能表示客户对你很厌烦，对你怀有敌意。这就要细心地去观察和分辨了。一般情况下，如果客户斜着眼睛看你，眉毛轻轻上扬或者面带微笑，说明顾客认可你，对你所说的话感兴趣，这时候要适当抓住机会，提出和对方签合同的要求，成功的概率会很大。如果对方眉毛压低，眉头紧锁或者嘴角下拉，说明客户对你不信任或者心存敌意。出现这种情况的时候，你就要想方设法消除客户心中的疑虑和不快，重新把客户的眼神拉到自己身上来。

眼睛是心灵的窗户，彼此眼神的交流是真正沟通和交流的基础。很多销售员在与客户的交流和沟通当中，有时候觉得很默契、很舒服，有时候觉得焦急和不安，想迅速地离开客户。事实上，出现这些感受很大程度上是由于眼神的交流。所以，一名优秀的销售员，往往是一个察言观色的高手。

通过头部动作判断客户心理

刘一是暖气片销售业务员。刚进入冬天不久，生意逐渐火暴起来。这天早晨，刘一一大早就敲开了一家装修公司经理的家门。对方把他让到了家里，入座之后，刘一就开始滔滔不绝地介绍自己所售暖气片的功能和特点以及客户用了他们暖气片的好处。

在说话之余，刘一观察到经理时不时地频频点头。介绍完之后，他立即拿出合同，经理在合同上签了字。就这样，刘一一鼓作气地签下了十几万元的大单子。刘一没有忘记老业务员告诉他的，当客户频频点头的时候，是签合同的最佳时机。他观察到经理不断地点头，时而托着脸沉思，觉得这个时候是签合同的最佳时机。

从这个故事中我们可以了解到，客户不经意间流露出来的一些头部动作，往往能反映出对方的心理倾向。刘一正是抓住了经理不断点头这个动作，分析出经理对自己所售产品的认同，进而把握住了客户的心理，成功地完成了交易。在销售过程中，要多注意观察客户细小的动作，尤其是头部动作，因为这些不经意间流露出来的动作，往往能把客户的态度和倾向泄露出来。当你掌握了客户的态度之后，顺着客户的心意，就能很好地完成销售。

很多情况下，人们嘴里所说的话和身体语言所表达的意思是不相符合的，人的嘴巴可能会说谎，但是身体永远不会说谎。在身体语言中，头部动作表达的语言更丰富，包括点头、摇头、低头和侧头，那么这些动作传达了什么样的信息呢?

◆ 点头

在一定程度上，点头表达了赞许和认可，基本上表达一种肯定的意思。如果在销售人员和客户的交谈当中，客户不断地点头，说明客户对你很感兴趣，示意你继续说下去。这时候基本上已经离合作不远了。但是也要注意客户点头的频率，如果点头的频率过快，那就有了否定的意思，表示客户对你很反感，这时候一定要适可而止，尽快结束谈话，以免惹怒对方，使合作彻底失败。

◆ 摇头

一般情况下，摇头表示否定的意思。当客户和你交谈时不断摇头，就表明客户对你的看法并不认同。有些时候，客户出于礼貌不好意思当面拒绝你，嘴上不断地说："我对你的产品很感兴趣。""我们一定会合作愉快的。"同时在不断地摇头，尽管话说得很圆滑，但是摇头的动作完全把拒绝的意思泄露出来了。所以，在销售过程中，销售员不要被客户的场面话所蒙蔽，要相信自己的判断。

◆ 低头

跟摇头一样，低头也表达着一种否定和不认可。只是这种否定的表达没有摇头那么直接，一般是不方便拒绝对方，又不愿意与对方合作时的一种情绪的表达。事实上，一般人在低头的时候，往往表达一种不满意或者有成见的情绪。如果，销售员在和客户的交谈中，发现客户低着头一言不发，要尽快找到客户不满意的地方，妥善地解决掉，让客户和你正常交流。这样才有可能和客户达成合作。

◆ 头部倾斜

头部倾斜表示对方在认真地倾听你的介绍，你所说的话进入了对方的脑子里，而且对对方起到了一定的影响。所以，当你和客户交谈时，如果发现客户歪着头，用手托着脸颊，这时候说明客户已经很信任你了，如果可以，要抓紧时间和对方谈条件、签合同。因为这个时候客户考虑的是能从你那里获得多少利润，而不是自己将要付出什么样的代价。在这个时候签合同，客户一般不会过多地和你讨价还价或讲条件。

留意客户头部的动作，对于销售员正确把握客户心理非常重要。而且销售员在与客户的交谈中，适当地引导客户做出以上动作，会影响客户的心理决策。比如在与客户谈判时，时不时地点头引导他，客户为了回应你，也会不断点头。这种身体动作的暗示，会促使客户认可你、欣赏你，从而达到合作的目的。

客户的坐姿藏匿着不同的含义

小王是某著名锅炉厂的销售员，平时工作非常细心认真，因此业绩一直很不错。

这天，厂里的领导把他叫到办公室，对他说："小王，我这边有一个很难缠的客户，我派了好几个销售员去谈，都拿不下来，我想让你去试试，你有没有这个信心啊？"

小王说："行，您把这位客户的基本信息给我吧，我一定拿下来。"

经理一边把整理出来的基本资料递给小王，一边笑着说："我就知道没有什么客户是你拿不下来的。祝你马到成功。"

小王花了整整三天的时间，将这位客户的资料搜集得更加完善，同时向拜访过这位客户的其他几位销售员请教，尽管对方没有给他提供多少有意义的信息。但是从他们嘴里得知，该客户见销售员的时候总是躺在老板椅上，双手交叉撑在后脑勺上，一副高高在上的样子。

这引起了小王的关注，他通过各种途径查到了客户为什么会有这样的举动，并且制订了相应的措施。等小王见了客户之后，很快就把这个单子签了下来。

从这个故事中我们可以了解到，客户的坐姿往往反映客户的某种心理。像故事中的这位客户，躺在老板椅上，双手交叉撑在后脑勺上，就是一种强势的姿态。他这样坐着，会让前来商谈的销售员感觉到地位上的不平等，从而压力倍增，使自己在气势上占优势。要是销售员不采取相应的措施，而是毕恭毕敬，肯定做不下来。所以，从客户的坐姿上准确地判断和把握客户的心理，对于销售员来说非常重要，因为它直接关系着合作是否能够顺利进行。

一个人的坐姿是平时养成的一种习惯，能反映一个人的性情、气质、礼貌和修养，甚至能展现出一个人在人际交往中的心态和待人接物的方式，进而，能反映一个人的心理状态。平日里，人的坐姿很多，有像前面故事中那位经理一样的“弹簧式”坐姿，有跷着二郎腿的，有把腿放在桌椅上的，还有侧着身子坐等，那么这些坐姿到底蕴含了怎样的心理呢？

◆ 骑跨在椅子扶手上

很多销售员见客户的时候，对方非常热情，但是双方坐下之后，慢慢地，客户会将腿骑跨在椅子的扶手上。销售员不知道客户这种动作的用意，在具体的谈判中被客户牵着鼻子走。事实上，客户把腿骑在椅子的扶手上，只是想借着椅子增加自己支配和控制的欲望。这类客户的行为相当谨慎，在自己挑衅和支配欲望越来越强的同时，还可以借椅背来保护自己，可以说是能攻能守。所以，销售员面对这类客户时，要事先做足心理准备，在对方的气势越来越强的时候，不妨直接坐到或站到他的身后去，这样一来，对方就会感觉受到威胁，而不得不改变坐姿。对方改变了坐姿，其挑衅和支配的气势就会随之弱下去。

◆ “弹簧式”的坐姿

“弹簧式”的坐姿是躺在椅子上，双手交叉放在后脑勺上，有这样坐姿的客户通常非常冷酷和自信，一般都是男性。客户这种坐姿，会让销售员产生一种错误的安全感，觉得客户平易近人，好说话。事实上，在无意中客户占据了主导地位。所以，销售员在与客户见面的时候，如果看到客户是这么一种坐姿，你只需模仿他，也来个“弹簧式”坐姿，这样对方在心理上就没有了优势，对你的态度也会迅速转变。谈判起来就会轻松很多，合作的概率也会大大增加。

◆ 起跑者的坐姿

如果在与客户的交谈中，对方的身体慢慢前倾，或者是将两只手放在两个膝盖上，或者身体前倾的同时两只手抓住椅子的侧面，那么就意味着对方对你所说的内容根本不感兴趣，想要离去。这时候，销售员就要及时改变策略，而不是一味地夸夸其谈。如果没有其他办法让客户对你的产品重新产生兴趣，索性及早结束会谈。以免对方把对产品的不感兴趣扩展为对你本人的厌恶。

解读客户的手势语言，了解其真实意图

王韩是汽车配件销售员，这天他去拜访一位汽车销售公司的总裁。

对方工作非常繁忙，王韩等了整整一个上午，好不容易对方抽了个时间接见王韩。一番寒暄之后，王韩开始介绍产品。总裁时不时地也会提出一些相关的问题。很快，王韩将产品的性能、优点等通通介绍完了。

总裁点了点头，顺势摸了摸自己的鼻子。

王韩并没有注意到这个细节，反而建议总裁先预定部分产品。总裁想了想，对王韩说："你们的产品听起来确实很不错，你的建议我也会认真考虑，你先回去，回头我给你打电话订购。"

王韩非常高兴地和总裁道别之后，兴高采烈地回到了公司。

可是等来等去，王韩始终没有接到对方的电话，合作自然也是遥遥无期。

从这个故事中我们了解到，客户的一些细微动作暴露出了他的心思。销售员应该善于捕捉客户身上流露出来的蛛丝马迹，从而准确地洞察和把握客户心理。故事中的王韩就是忽略了客户摸鼻子的动作，误认为客户会买自己的账，在等待电话中失去了与客户合作的机会。

一个人手部的微小动作，往往能将自己的心思暴露出来。所以，销售员在和客户的交谈中要多注意观察对方手部的小动作，比如摸鼻子、摸耳朵、摸嘴巴、拉衣领等，这些动作究竟表明了客户怎样的心理呢？只要

平时多观察、多揣摩，你就能摸透客户的心思，合作就是自然而然的事情了。

◆ 摸鼻子

当一个人摸鼻子的时候，往往表明对方对你的话题不感兴趣，不会和你有更深层次的接触和合作。所以，当销售员和客户谈话时，如果发现客户在回答你问题的时候，不断地触摸自己的鼻子，那么很显然，客户在撒谎，或者是在用客气话敷衍你。所以这时候不管客户嘴上怎么说，你一定要明白，你的销售失败了。如果对方没有表示不耐烦，销售员应该及时补救，比如转换话题重新寻找卖点。如果对方表示出厌烦的情绪，则需为下次见面埋下伏笔，在下次见面的时候再进行陈述和说服。

◆ 用手捂着嘴巴

如果在交流的时候，客户下意识地用手捂嘴巴，那么你要明白，客户要撒谎了。这时候，你不妨直接问："有什么问题吗？"或者问："你觉得有什么不合适的地方吗？"或者直接说："我觉得你有不同的想法和见解，我们交换一下想法，看问题出在哪里？"这样一来，客户会把自己的想法说出来，销售员才能了解客户的想法，进而真正帮助客户解决问题。

◆ 用手揉眼睛

当客户开始揉眼睛的时候，就说明对方对你的谈话一点也不感兴趣。同样，如果在你和客户的交流当中，发现客户时不时有揉眼睛的动作，那么，就要赶紧转换话题，因为此时客户对你的陈述已经很厌烦了。如果这时候你还喋喋不休，那么就会给客户留下很坏的印象。对于一名销售员来说，这是很危险且很糟糕的事情。

◆ 用手摸耳朵

当客户用手摸耳朵的时候，说明他对你的产品还是不放心，甚至没有多大兴趣。这时候你要是不识时务，拿出合同让对方签字，对方绝对会找借口拒绝你。跟前面一样，当务之急是如何重新调动起客户的兴趣。如果你没有办法，那么就意味着你这次拜访彻底失败了。

◆ 用手抓脖子或拽衣领

当客户对你的产品和服务不是很确定的时候，往往会抓一下脖子或者拽一下衣领，这时候，你要了解客户内心的疑惑和顾虑。事实上，客户对你的产品还不是真正感兴趣，尽管对方一直赞同你的观点和理念。所以，当客户有抓脖子或拽衣领的动作时，你要进行及时的沟通和补救。

◆ 把手放在嘴唇之间

如果销售员看到客户把手放在嘴唇之间，那就表明客户对你的产品还不是很信赖，尽管这时候客户可能会说将要和你合作的话，但是你要及时给予客户保证和承诺，打消客户心中的疑虑和不安。只有这样，客户才能和你达成合作。

客户习惯性动作里包含的真意

王晓是某大型购物广场临时聘用的促销员，他很会察言观色，因此促销业绩非常好。一个周末，来购物广场消费的人特别多，王晓忙得不可开交。在众多客户中，有一位客户引起了王晓的注意。

那是一个三十多岁的男士，和其他客户不同的是，男士不喜欢说话，王晓过去和他打招呼，他也是爱答不理。而且这个人站在促销货物的边上，一边看，一边不停地用脚尖击打地面。在那里站了好长时间。

王晓觉察出这种人是典型的完美主义者，非常自恋，不太会处理人际关系。于是他站在不远处，等这个男士抬头寻求帮助的时候，他才过去帮忙。很快，这位客户在他的帮助下购买了商品。

从上面的故事中我们了解到，客户有各种各样的性格，所以，销售员在和客户交流的时候，一定要从他们的言谈举止和行为习惯中搜集信息，然后针对不同性格的人，采取不同的措施。故事中的王晓就是从顾客脚尖点地的动作中判断出了对方的性格和心理，从而给客户足够的空间，促成销售。所以，作为一名销售员要善于捕捉客户的习惯动作，善于把握客户的心理。

生活中的一些习惯动作，准确地反映了人们的心理活动，同样，客户在消费的过程中，也会很自然地将自己的习惯性动作表现出来。销售员如果能积极捕捉客户的这些习惯性动作，就能准确把握客户心理，更好地促成合作。那么，客户的哪些动作需要销售员捕捉和把握呢?

◆ 两脚自然站立，双手背在背后

有这种习惯的客户，一般都是有一定社会地位、知识水平，在单位里担任领导的关键客户。因此，销售员与这类客户交谈时，热情礼貌，绝不能因为自己一时疏忽而给对方留下不好的印象，也许对方不能直接决定与你合作，却能间接影响他人不与你合作。

◆ 双手不停地在口袋里插进去伸出来

如果客户有这样的习惯性动作，那么他答应你的事情可能不会完全做到，所以也不能太相信这类客户的承诺。同时，这类客户随时都有可能被其他公司抢走，销售员要做好充足的心理准备。如果当时签不了合同，一定要及时跟进，千万不能等着客户主动联系你。在合作的时候，也要把各种该注意的事项和客户说明白，即使合作了，也要时时保持联系。因为这类客户做事情想的比做的多，行动起来总是小心谨慎。所以，销售员要用一些保守的方法来合作。不可着急，以免让客户对销售员起疑心，导致最终的合作失败。

◆ 用点头和摇头来回答问题

一般来说，用点头和摇头来回答问题的人自我意识都比较强。所以，销售员在和这类客户交流中，只要用心将客户谈妥，以后就可以高枕无忧了。因为这类客户一般不会轻易和他人合作，如果决定与你合作，就会认真负责地与你合作。所以，遇到这样的客户，销售员一开始要投入较多的精力、付出较多耐心，但是只要成功，对方就是你忠诚的客户。

◆ 用脚尖拍打地面

用脚尖拍打地面的人懂得自我欣赏，但是也比较保守和封闭，不喜欢与他人交流。所以，如果销售员发现客户有这个习惯动作，就要做好打攻坚战的准备，同时言谈举止一定要中规中矩，不可太随意，以免给客户留下不好的印象。

◆ 交谈时不停地打手势

如果销售员发现客户一边说话，一边不停地打手势，那么他是个控制欲非常强的人，同时也是个雷厉风行的人，很讲究做事情的效率。遇到这样的客户，销售员要将做事情的效率提上去，迎合客户的做事风格。只有这样，客户才能视你为知己，才会和你长期合作。

仔细聆听客户的口头禅

刘宏在新华书店做店面销售工作整整两年了，可以说是一位非常合格的销售员。

这天来了一位30岁左右的男士，在一堆心理学书籍前徘徊了很久，比较了很久，不知道究竟买哪一本好。刘宏走了过去，打招呼说：“您好，先生，您想买关于心理学的书啊？”

客户回答说："是啊，我想买一些心理学的书看看，不要太深奥，但是我不知道买哪一本好。"

刘宏说："这些书都是刚刚上架的新书，你具体想要哪方面的？"

客户："噢，我对心理学一窍不通，想学习一些，对工作和生活都有很大帮助。"

刘宏："要是这样的话，我建议你买一些心理学基础知识的书先了解一下，这本《心理学基础》就很不错。等你了解了心理学的基础知识再买其他书吧，因为心理学内容广泛且深入，买得太专业了，一时也看不懂，还会给自己造成心理压力。"

于是，客户选了一本《心理学基础》，高兴地离开了。

从上面的故事中我们了解到，客户往往会从一些口头语中流露出自己心里的想法，所以作为一名合格的销售员，要善于从这些口头语中捕捉到客户的消费心理。这些不被人注意的口头语能表现出客户的消费意图、消费理念以及消费习惯。故事中的刘宏从客户"我想……，但我不知道……"等口头语中得知顾客的意图，从而很好地帮助顾客做了决定，完成了销售。

口头语是人长时间内心思维的一种外在表现形式，同时也能体现出当事人的做事风格以及情绪表现。在销售过程中，一些口头语往往能将客户的内心想法暴露出来，销售员有必要学习一下各种口头语所代表的心理需求。

◆ 说话时，常带"我要……""我想……""我不知道……"

在与客户交谈中，如果销售员发现客户说话的时候，总是带着"我要……""我想……""我不知道……"等，那么这位客户基本上没什么主见，而且思维比较单纯，爱意气用事。因此，销售员要控制好交谈的主动权，如果有可能，尽量用强势的气场征服客户，及时将合作关系定下来。当然，销售员在帮助客户做决定的时候，一定要以双赢为前提，切不可损害客户的利益。否则客户了解真相以后，绝对不肯再与你合作。

◆ 说话时，常带“我应该……”“你不能……”“你必须……”

带这些口头语的客户往往非常强势，非常自信。销售员在和客户交谈时，在不违背原则的前提下，尽量顺从客户，千万不要和客户有对立的情绪，更不能拗着客户，因为你的目的是要与客户合作，而不是与客户斗气。

◆ 说话时，常带“我个人的想法是……”“是不是……”“能不能……”

使用“我个人的想法是……”“是不是……”“能不能……”等口头语的人，一般脾气都比较好，很有修养。所以，如果销售员遇到这样的客户，就会感到很受尊重，合作起来也很轻松，不会有太多的心理压力。当然谈判时也要认真对待，尊重对方。这样的客户非常理智，会经过深思熟虑再做出决定，是最佳的合作伙伴。

◆ 说话时，常带“我早就知道了……”

如果销售员不管说什么，客户总是一副不屑的样子，时不时地说“我早就知道了。”这样的客户很难做一个耐心的倾听者，所以生活中没有多少真正的朋友。面对这样的客户，销售员需要做一名听众，让对方的表达欲得到充分满足。只要让对方舒心了，合作的事情自然水到渠成，和这类型的客户合作，销售的不仅是产品，还有销售本身。

◆ 说话时，带有很多网络中的流行词汇

总是喜欢拿网络中流行语说话的人，往往没有自己独特的个性和主见，为人浮夸。所以，销售员不必与此类客户聊多么专业的东西，只需天南海北地胡侃乱谈，只要和对方的话题多了，客户就会觉得你和他趣味相投，自然会把你当成一位志同道合的朋友。

听懂客户的“弦外之音”

小薇大学毕业之后，在一家钢铁企业做销售，由于口才好，文化基础扎实，销售能力也很强，所以销售业绩直线上升。

一次，小薇去谈一个大型工程，工程的负责人是位40岁左右的男士，他对钢材的要求非常高，见了小薇之后，直接询问小薇所在企业钢材的各项指标，小薇报了指标后，对方似乎还算满意。

由于小薇所在企业的钢材各方面指标都很不错，而且各种政策和条件都很好，客户也就不再挑剔了。当小薇报出价格后，客户的声音突然提高了八度，后来，双方僵持，没再谈下去。

之后，小薇再次找这位客户时，对方总是避开实质性的问题，就连之前谈妥的各项事宜，对方也避而不谈了。小薇明白顾客对价格非常敏感。但是，企业有企业的规定，对于做销售员的小薇来说，也是无可奈何。

从上面的故事中我们了解到，声音能将一个人内心深处的情绪完整地表达出来，不管是高兴还是疑虑，只要你细心捕捉，都能清晰地感受到。在和客户的交流中，如果对方的声音发生变化，那么就要留意是什么引起客户的心理波动。洞察客户的心理变化，及时调整策略，进而顺利地实现合作。

留意客户的声音，才能洞悉对方的心理变化。那么，作为一名销售员，与客户谈话时应该留意哪几个方面呢?

◆ 留意对方谈话的速度是关键

一般情况下，说话速度快的人，大多很精明，能言善辩。而说话速度慢的人，则较为严谨、谨慎。如果本来说话速度快的人，突然把速度放慢了，或者说话速度慢的人，突然把速度加快了。那么，销售员一定要注意了，肯定是哪里出问题了。一般来说，客户放慢说话的速度，可能是他对你很不满意了。如果加快说话的速度，那么意味着对方心里的想法产生变化了。所以，销售员一定要多加留意，针对不同的情况作出不同的调整。

◆ 留意对方谈话的音调很重要

普通人之间的交流，音调稳健，彼此听见就可以了，平稳的音调表达平稳的心态。如果在和客户的交流中，对方的音调突然升高，要么是客户对你所说的话很吃惊，要么是客户的话不实，为自己找个合适的理由和借口。如果对方表示惊讶，那么销售员就要进行合适的解释，让对方接受你的观点。

如果客户说话的时候，突然变得抑扬顿挫，那么是客户想引起销售员的关注，这时候，销售员要适当给予客户回应，有助于合作的达成

◆ 留意对方谈话的节奏很必要

自信的客户，谈话时是肯定的语气。性格软弱或者做事拖拖拉拉的客户，说话拖泥带水。所以，销售员在和客户的交谈中，也要注意交流的语气：如果对方说话的节奏平稳，那么交谈可以按部就班地进行；如果对方说话的节奏欢快，那么说明对方对你很感兴趣，你们之间的合作十拿九稳；如果对方说话的节奏缓慢，说明对方对你一点儿兴趣也没有，那么就要想办法让对方对你感兴趣。

由此可见，从客户交谈的声音中能把握客户的心理变化和情绪变化，可以说，客户的声音就是客户的心理晴雨表，对方的心态怎么样，情绪怎么样，完全能从声音中得到答案。所以，要想成为一名成功的销售员，对客户声音的把握尤其重要。只有完全把握对方的心理变化，才能了解对方想什么，才能明白如何去顺应客户的心理，如何与客户达成合作。

第2章　心理解析，洞悉客户潜在的内心需求

客户之所以购买销售员所推销的产品，是因为有这种消费需求，但是销售员除了要满足客户这种物质需求外，还要满足客户的心理需求，否则消费就失去了意义。比如，客户在消费的同时希望获得尊重、希望得到安全感、希望在销售中扮演主角等。销售员掌握并满足客户的这种心理需求，客户在消费中感受到愉快和开心，进而认可销售员以及销售员所推销的产品。

客户喜欢物美价廉的商品

黄玲在某大学附近开了一家时装店。由于进货太多，到了换季的时候，存货还非常多。如果这些存货不及时清理，就会亏损一大笔资金。由于这些衣服的价钱不是很高，黄玲想出了一个办法——推出“百元套装活动”。

在黄玲的时装店，只要是学生，只需100元钱，就可以穿走一套衣服，包括上衣、裤子、项链和丝巾等。促销活动推出后，店里便挤满了来选购服装的学生。就这样，仅一个星期，大量积压的服装就被抢购一空，有的学生因为来晚了而遗憾不已。黄玲不但收回了成本，还赚了一笔不小的钱，因为有些服装搭配一套还不足百元，所以用这样的方式推出来，顾客觉得占到了大便宜。

从这个故事中我们了解到，消费者都希望以低廉的价格获得更多的产品，所以一些精明的商家利用消费者的这种心理，大搞一些促销和特价的活动，让消费者在心理上感觉占了大便宜，而实际上商家并没有给顾客多少真正的实惠。像故事中黄玲推出的促销活动一样，让顾客觉得有利可

图，顾客便会蜂拥而至。所以，如果能真正把握顾客的这种心理，对于商家来说，生意自然是越做越好。

客户都希望花最少的钱买最好的产品，销售员要理解并适当满足客户的这种心理。因为只有满足了客户的这种心理需求，客户才会认可你，买你的账。事实上，销售员只要很好地把握和利用客户的这种心理，就能为自己的销售工作服务。那么，在具体的销售过程中应采用怎样的措施来满足客户的这种心理需求呢？

◆ 利用打折来吸引客户

利用打折的方式招揽客户是很多商家惯用的吸引客户的方式。商家故意把价位定得很高，然后通过折扣减去一部分，给客户造成一种心理错觉，以为商家减少了利润，给客户带来实惠。实际上，打完折，商家依然有高额的利润空间。

◆ 利用代金券吸引客户

很多商家给消费达到一定金额的客户赠送代金券。这些代金券在下次购买商品的时候，可以代付部分钱款。这对于精打细算的客户来说，无疑是个很大的诱惑，为了获得代金券，就会努力在商家的店铺购买商品。表面看来，商家赔了钱，实际上客户在购买大量商品的时候，商家早就将那部分代金券的利润赚回来了。这种代金券的方式就是利用客户都希望占便宜的心理将客户牢牢拴住，不失为一种吸引客户的好方法。

◆ 利用积分优惠招徕客户

积分优惠是在客户每次消费之后，商家给其相应的积分，等积分达到一定数量之后，客户可以兑换赠品。实际上，这种方式对于客户的诱惑远远没有赠送代金券大。但是毕竟也有免费的礼品，客户还是愿意接受的。

◆ 利用抽奖诱惑客户

每个人都有侥幸心理，客户也一样。因此很多商家推出了抽奖销售的活动。对于客户来说，买了商品还能参加抽奖，说不定还真能抽中什么大奖呢，因此也乐于尝试。还有的商家在商品上打上重复销售的标志，客户在买了商品之后，还能获得赠送一份的奖励，像很多饮料就是采用这种方式吸引客户。

从专业性角度，成为客户的“顾问”

一次，一位大型商贸公司的营销总监去卖场视察工作，他刚进门，就被一名年轻的销售员拦住了，销售员开始热情洋溢地推销他们的产品。营销总监对他们的产品毫无兴趣，但是基于对销售员的尊重，耐心地听完了他的介绍，等销售员介绍完，营销总监转身想走，走了几步，他停住了，转过身来问：“你是做什么的啊？”

销售员一脸茫然，愣了半天，支吾着说：“我是一名促销员啊。”

营销总监笑了笑说：“你应该说自己是产品顾问，既然你是做销售的，就要对自己有绝对的信心，就要完全了解和掌握产品的信息和功能，你这样不自信是绝对做不好销售的。”

听了营销总监的话，销售员点头致谢。回去之后，他仔细地思考了营销总监说的话，对产品进行了详细的了解，很快就成为客户称职的销售顾问，深受客户的欢迎。

从这个故事中我们了解到，客户更加喜欢顾问式的销售员，销售员不仅能把东西卖出去，更能够帮助客户解决个性化的问题。销售员要充分了解商品，把自己当成客户来购买和消费商品。销售员要把自己定位为客户的服务人员，而不仅仅是买卖商品的人员。所以，销售员只有满足客户的这个需求，才能被客户真正认可和接受。

在销售的过程中，一名顾问式的销售员不仅能帮助客户收集信息，评估选择，控制支出，还要让客户有良好的售后反馈。那么如何才能做好一名顾问式的销售员呢？有以下几点需要注意。

◆ 要充分了解产品

客户来买你的产品，说明客户有这个消费需求。尽管很多客户在购买商品的时候，对相关的知识有一定了解，但是毕竟客户的消费行为只是生活的一个片段，几个月甚至几年才会消费这种商品一次，对产品的了解程度远远不够。而销售员每天和商品打交道，本应该比客户了解的详细。如果一名销售员对自己所销售的产品一问三不知，甚至还没有客户了解得多，试想客户怎么会放心与你合作呢？你又怎么指导客户消费呢？所以，对产品充分的了解是作为一名顾问式销售员必须具备的能力。

◆ 除了专业，还要有丰富的外延知识

一名顾问式销售员不仅要掌握专业的产品知识，同时也要掌握与产品相关的外延知识。比如，与产品有关的文化等。这样一来，和客户交流的时候，不仅把产品卖给了客户，把服务做到了家，还把与产品相关的文化和知识带给了客户。你在客户面前就显得更加专业，更加权威，这样不仅提高了产品的价值，更提高了销售员在客户心目中的地位。

◆ 做客户的服务者，不要做产品的销售者

顾客心里想的是花钱买东西，要消费得有价值，在销售的过程中销售员要满足客户的这个心理需求，帮助客户购买合适的产品。要让客户觉得你的建议和介绍是有价值且可信的，而不是只盯着他的钱袋子。所以，作为顾问式的销售员，心里要时时装着你的客户，让客户购买你的产品，买得舒心，买得物超所值。

◆ 尽最大能力为客户提供方便

客户消费是一个持续不断的过程，如果消费者感到消费愉快，就会增加再次购买的概率。作为一名顾问式销售员，要为客户提供尽可能多的方便，让客户永远记住你的品牌，记住你的服务。只有客户选择和认可了你，才算做到真正的销售。把自己当做客户，那么你希望获得怎样的服务呢？按着你的期望去对待你的客户，你很快就会成为一名合格的顾问式销售员。

打动人心，从客户内心需求下手

丁秋应聘到某电器公司，在商场的电器专柜做销售。

这天刚好赶上节假日，到商场购物的人非常多，丁秋忙里忙外地招呼顾客，可是不论她怎么说，顾客总是保持沉默，或是问几个简单的问题就走开了。眼看着其他销售员陆续完成任务，丁秋非常着急。越着急，顾客越不搭理她。

看着一边忙得团团转的销售主管，丁秋感到非常不好意思。这时候走过来一位顾客，丁秋急忙满面堆笑地迎了上去，谁知顾客问的几个专业问题，丁秋都不知道，顾客很不高兴，转身要走。这时，销售主管走过来解围说：“不好意思，她刚来，我来回答你的问题吧。”

在销售主管的引导下，顾客现场体验了商品，了解了价格，销售主管对售后服务做了相应的介绍，并且当着顾客的面填写了保修单。顾客消除了顾虑，购买商品后高高兴兴地走了。

在这个故事中我们了解到，顾客购买商品需要绝对的安全感。包括商品的质量是否有保障、价格是否公道、售后是否完善，而这些可以在与销售员的交谈中感受出来。所以，销售人员在与客户的沟通中，一定要让顾客消费得放心、舒心。

安全感是客户最终决定消费与否的关键，是客户最基本的消费需求，所以，销售员在销售过程中，一定要想方设法满足客户这个需求，赢得客户的信赖，最终达成合作。那么，作为一名销售员应该如何让客户有安全感呢？具体从以下几个方面着手。

◆ 给予客户心理安全感

在和销售人员的沟通当中，很多客户都会问一些比较专业的问题来试探销售人员。如果销售人员不专业，回答让客户不满意，客户自然会心存戒备。因为一般质量有保证的企业，销售团队也会非常专业。所以，销售员要加强学习专业知识，在客户面前显得更加专业，从心理上赢得客户，让顾客消除戒备心理。除此之外，销售人员要注重个人形象，树立良好的外在形象，让客户由内而外地感觉你是专业的销售人员。品质源于专业，客户对销售人员的认可基本上就是对产品的认可。

◆ 给予客户经济安全感

每一位客户都希望自己购买的商品能够物有所值，甚至物超所值，所以在销售过程中，客户会时不时地估算产品的实际价值，如果你标出的实际价格远远超出客户的估算价值，那么客户就会心存顾虑，害怕上当受骗。事实上，在产品流通过程中产生的各种费用也是成本的一部分，除去这些，才是利润。所以，在销售过程中，销售人员要让客户理解这一点，在客户能接受的前提下，最大限度地获得利润。

◆ 给予客户人身安全感

客户购买商品是为了满足生活的各种需要，但是如果商品的质量不过关，会伤害到客户的身体，就算商品价格再低，客户都不会购买。所以，销售人员在和客户的沟通中，要让客户获得足够的安全信息。如果你所销售的商品有一定的危险性，那么一定要向客户说明，叮嘱客户商品的使用方法和注意事项，绝不可隐瞒客户。如果客户能感受到你真心实意地关心着他的安全，那么客户就会对你的善意给予回报，合作也就是水到渠成的事情。

重视客户，表达足够的尊重

一天，一位女孩逛百货商场，想要为自己买一套化妆品，当她走到1号柜台的时候，销售员不断地介绍自己所售的化妆品多么多么好，如果女孩不买将会造成多么大的损失。这些话并没有让女孩对该柜台的产品产生足够的兴趣，反而有些厌烦，女孩很快离开了1号柜台。

当她走到2号柜台时，销售员热情地和她打招呼，并没有急着介绍自己的产品，而是微笑着称赞道："你的这套衣服真是太漂亮了，穿在你的身上非常有气质。"之后简单地介绍了一下专柜的护肤品，并为女孩专门挑选了一套。结果女孩买了这个柜台的化妆品。

通过这个故事我们了解到，客户关心的是自己，所以销售员在和客户的沟通中，一定要以客户为中心。只有满足了客户这种心理需求，客户才会对你感兴趣，进而对你的产品感兴趣。

人们常说顾客是上帝，事实上顾客也有这种意识，觉得自己花了钱就该得到尊重。所以，销售员是否足够重视顾客在很大程度上决定着销售的成败。那么，作为一名销售员从哪几个方面才能做到尊重顾客呢？

◆ 对客户要足够的热情

作为一名成熟的销售员，在与客户见面时，一定要面带微笑，保持足够的热情。你对客户越热情，客户越觉得他在你心里的地位高，被重视。谁不渴望受到他人的重视呢？所以，销售员在与客户的接触中，一定要保持足够的热情，因为客户会被你的热情所感染，那么，之后的合作就会轻松得多。

◆ 记住客户的名字

一个人的名字是自我意识的一部分，每个人都会对自己的名字特别敏感。如果销售员能记住客户的名字，并在见面时叫出来，无疑会让客户觉得备受尊重，从而在心理上迅速缩短了彼此之间的距离。如果你见同一位客户好几次，依然记不住对方的名字，就会让客户觉得自己微乎其微，你根本不在乎他。试想，当客户有这种感觉的时候，怎么可能还与你合作呢？所以，记住客户的名字，让客户感受到你的尊重，是一名成熟销售员应该具备的素质。

◆ 认真倾听客户谈话

事实上，每一个人都有表达自己的欲望，在和他人谈话时，都希望他人能聚精会神地听。销售员和客户之间的沟通也是这样，当客户陈述自己想法的时候，不管对方是否认同自己的说法，都希望销售员认真地听，至少在态度上给予对方应有的尊重。如果在客户陈述的时候，销售员不时打断、东张西望、注意力不集中，那么，在无形中就否定了对方。所以，要想赢得客户的尊重，就要专心致志地倾听客户的谈话，让对方感受到你对他的尊重和重视。客户的这种受重视的心理得到满足之后，他也会给你相应的回报。

◆ 记住客户的好恶

每个人都有自己的好恶。而除了自己的家人和亲密的朋友之外，别人通常不会注意到。如果一个并不熟悉的人，在你生日当天，送给你一个生日蛋糕，你是否会惊喜不已？结果是不言而喻的。所以，记住客户的好恶，有时能让客户大受感动。记住客户的喜好，表示你关心并尊重他。相反，如果你忽略了客户的一些喜好，犯了忌讳，那么客户会觉得你根本不在乎他，更谈不上什么尊重。

情感促销，满足客户需求

一位中年男子走到卖玩具的柜台前，拿起一架遥控飞机。

“是给您的孩子选购吗？他今年多大了？”售货小姐面带微笑地问。

“6岁。”男子说完，目光转向其他玩具。

售货小姐提高嗓门说：“6岁正是玩这种玩具的时候。”一边说着，一边把玩具的开关打开，拿着遥控器熟练地进行操作。

“这种玩具，可以提高小孩子手的控制能力和手、脑的协调性。”售货小姐说完，将另外一个遥控器递到男子的手上。

男子操作了一下，问道：“一套需要多少钱？”

“150元。”售货小姐回答说。

“有点贵了！”男子显然对价格很不满意。

售货小姐说：“与提高您孩子的能力相比，花这点钱还是很值得的。”

男子想想没再说什么就付了钱，拿着玩具走了。

从这个故事中我们了解到，在销售的过程中，顾客决定购买商品，并不完全由商品的价格决定，有时候高出价值的那部分价格是因为添加了情感因素。客户买的不仅是商品，还有一部分是关怀。所以，要懂得满足客户的情感需要，客户愿意为这部分情感付费，就一定要满足客户的这个愿望。

在销售人员和客户的沟通中，客户想要的不仅仅是产品和服务，还需要隐藏在产品后面的情感。因此，在产品销售中，如何将产品的附加情感卖给客户就显得尤为重要，具体有以下几个方面。

◆ 询问消费目的，给商品加上美好愿望

客户购买商品是因为生活需要，所以销售员在和客户的沟通中，可以了解客户的消费目的，在将商品卖给客户的时候，加上销售员美好的祝愿和希望。销售员在和客户的沟通中，一定要学会给商品增加感情值，让客户希望受关注和关怀的心理得到适当满足。客户心里愉悦了，自然会记住你及你的产品。

◆ 洞察客户身份，在客户和商品间找到必然性

在销售的过程中，销售员了解客户的信息越多，越能掌握主动权。所以，销售员在和客户沟通中，要多了解客户的信息，比如身份。期间要多赞美，多恭维你的客户，给他戴一个不得不买的光环。比如，客户是一位销售经理，如果对方想要购买西服的话，销售员一定要拿出最好的，然后告诉顾客“像你这样有身份的人，一定要穿这样的西服。”客户听了你的恭维，难免飘飘欲仙，又骑虎难下，要是不购买，就是默认自己是个没有身份的人，所以多半会购买。

◆ 强调服务价值，给客户找个必须消费的理由

很多时候，客户不购买你的产品，是因为他没有这个消费意识。这时候，销售员一定要启发客户的消费意识，给他们找个合适的理由，让他们觉得不与你合作就是很大的损失。当然，这期间一定要强调情感因素。比如，你是一位卖保险的销售员，如果你一味地强调买保险会有很大的益处，而不买保险会受很大的损失，那么客户可能没有多大兴趣与你合作。但是，如果你告诉他，买保险后，万一将来出事情了，会免受很多痛苦，那么客户可能会积极购买。

所以，销售员在销售的过程中，不仅要卖出商品，还要让客户在消费商品的同时，感受到那份温暖。

同理心效应，始终为客户着想

王雪梅在一家地板销售公司做店面销售，她常常能站在客户的立场上考虑问题，因此深得顾客信任，她的销售业绩一直不错。

这天，一对年轻人来购买地板。进门后，他们在各种地板前走来走去。

王雪梅："你们好，想要什么款式的地板？"

客户："我们想装PVC地板。"

王雪梅："你们是住房用吗？"

客户："是的，我们刚买了新房，现在正在装修呢。"

王雪梅："这样啊。PVC地板一般都是大型的商场、超市或医院才会用到，造价高，安装要求也高，家庭一般很少用。我建议你们装木地板。而且现在很多家庭都装的是木地板。"

客户："好吧，那帮我们选一种款式吧。"

在这个故事中我们了解到，作为一名成熟的销售员，一定要时刻站在客户的立场上考虑问题，帮助客户选择他真正需要的商品，而不是急着把自己的商品卖出去。有时候客户并不了解哪种商品最适合自己，因此销售员要全面了解客户的实际需求，给客户最合理的建议，无形之中拉近你和客户之间的心理距离。这样一来，客户自然会把你当作自己人。

在销售过程中，销售员站在客户的立场上，急客户之所急，想客户之所想，无形之中就和客户站在了一条线上。那么，如何在销售中做到站在客户的立场上考虑问题呢？

◆ 学会换位思考

客户想要购买你的商品，说明客户生活中需要这个东西。作为一名销售人员，要详细了解客户为什么要购买你的商品。你知道的客户信息越多，越能设身处地地为他们介绍更加合适的产品。

◆ 学会为客户省钱

客户想要花最少的钱买最好的商品，事实上这是不可能的事情，质量越好的商品价格越高。但是同一种商品由于厂家不同，生产成本会有所差异。所以，销售员要站在客户的立场上介绍商品，让客户花最少的钱，买到物美价廉的商品，继而赢得客户的认可和尊重。

◆ 学会把决定权交给客户

交易过程中，销售员要做好参谋工作，但是不要代替顾客做决定。否则，会让顾客觉得受了你的蒙蔽，就算是物超所值，心里也会觉得很不爽。销售员只要做好介绍就可以了，至于客户怎么决定那是客户的事。

第3章　量体裁衣，不同客户用不同的沟通方式

每个人的脾气、性格以及做事风格都不相同，客户也一样，由于性格、脾气的不同，影响合作的因素也不相同。比如，有的客户爱慕虚荣，有的客户专制独裁，有的客户爱贪小便宜，对于不同类型的客户要采取不同的应对办法。抓住他们的心理特点，满足他们的心理需求。

客户爱慕虚荣，应多说好听的话

小A身材特别好，一次，她去一家服装店买裙子，试了很多个款式，总觉得不合适。小A站在镜子前感叹道："怎么就没有一件适合我的啊。"

这时候，专卖店的老板走上前去，笑着说："怎么了，美女，你的身材这么好，穿什么衣服都会好看的，试试这件吧，或许更适合你呢。"说着拿来一条连衣裙。

小A拿过裙子，进了试衣间，一会儿，出来了，在镜子前不断地照来照去，感觉自己穿上这条裙子很合适，而且非常漂亮，脸上露出了满意的笑容。这时候，老板说："你穿上这条裙子真是太漂亮了，跟电影明星似的。"

小A一边暗自高兴，一边谦虚地说："哪里，哪里，老板过奖了。"说完，付了钱，高高兴兴地走了。

通过上面的故事我们了解到，每个人都有虚荣心，当听到他人的赞美时，人们一般都会心花怒放，尤其是一些虚荣心比较强的人，在这种情况下，满足对方的虚荣心就能征服和俘获对方的心。在销售的过程中，对于那些爱慕虚荣的客户，销售员不妨多说些赞美和恭维的话，来赢得客户的青睐和认可。

一位百万富翁曾经坦然地说：“我就是喜欢听赞美的话，自己喜欢听，他人也喜欢听。”既然客户有这个心理需求，那么作为销售员一定要会说。但是，说奉承话也是一种能力，有的人说奉承话可以赢得客户，而有的人拍马屁却丢掉了客户，那么，奉承客户到底有什么技巧呢？

◆ 赞美他人要以事实为依据

在赞美他人的时候，一定要以客观事实为依据，不能乱说一通。如果赞美对方根本没有的特点或优势，不但不会让对方心里舒服，反而会让他觉得你是在讽刺和挖苦他。所以，作为一名成功的销售员，一定要多注意观察和聆听，在赞美他人的时候，不知道的事情千万不可乱说。

◆ 赞美他人要有个限度

当你赞美他人的时候，要有个度，不能赞美起来就没完没了，让接受者浑身起鸡皮疙瘩。也不要不分场合地恭维、赞美他人。任何东西多了就会泛滥。如果你过多地恭维他人，那么会给客户留下一个油嘴滑舌的坏印象，当你下次再恭维他的时候，对方不但不会高兴，还会觉得很恶心，从而排斥你。要让自己的恭维和赞美发挥最大的效力，就要珍惜自己的赞美，适当赞美他人。

◆ 赞美的态度要真诚，要发自内心

销售员在赞美客户的时候，态度上一定要认真，要真诚，说出来的每句话都让客户觉得是你的真心话。只有客户觉得你是真诚地赞美他，他才会开心，才会高兴。如果销售员不注意说话的语气，就可能让客户觉得你有轻佻和嘲笑他的意思，客户自然会不高兴，遇到脾气暴躁的客户，可能会当场和你翻脸。所以，销售员在赞美客户的时候，口气要温和一些，要用肯定的语气，要面带微笑。千万不可以笑出声来，尤其不能捂着嘴笑，因为大声笑和捂着嘴笑一般都会传达负面的信息。除此之外，也不要在表情和眼神上有怪异的表现。人与人之间的感觉非常奇妙，但是只要你真诚地赞美客户，对方是能感觉出来的。

◆ 赞美的技巧要高超，要画龙点睛

销售员要善于发现客户身上的闪光点，要赞美客户最关注的方面。否则你说了半天，没有说到点子上，客户自然不会高兴。比如，你的客户是一位漂亮的美女，对方不但长得漂亮，而且身材好，气质也很好，还非常时尚。在面对一大堆优势的时候，到底是该赞美对方的哪一点比较好呢？自然不能每一点都赞美，这样不突出对方的优势。一般情况下，要赞美对方漂亮，因为女孩子最关注的还是自己的长相，而漂亮不仅仅指长相好，在一定程度上还会囊括了其余几点。所以，销售员在赞美客户的时候，一定要有重点，要将客户最关注的优点赞美出来，这样才能把客户哄开心。

客户犹豫不决，应引导他快速做决定

老李是橡胶厂的总经理，这天一大早，老李去见一个非常重要的客户，见面时对方非常热情，入座之后，老李将公司的产品说明书给客户做了详细的介绍，还将公司的各项合作政策向对方说明。最后，在向对方征求合作意见的时候，客户非常爽快地说：下个礼拜就签合同。

但是，等过了一个星期，老李再次打电话询问时，对方说已经和别人合作了。

从上面的故事中我们了解到，有些客户办事优柔寡断，没有自己的主见，考虑问题的时候总是盯着坏的一面。所以，销售员在与客户沟通时，要适当想办法促使他们尽快做决定，以免夜长梦多。

客户找借口，想要多了解产品，这可以理解，但是最怕客户没有主见。面对优柔寡断的客户，如果谈得好，就要快刀斩乱麻，促使对方早做决定，那么究竟哪些措施可以帮助客户早下决心呢？具体有以下几个方面可以参考。

◆ 假定客户已经和你达成合作

当你介绍完产品，对方表现得犹犹豫豫的时候，你可以假定客户已经同意与你合作了，然后，拿出两个合作的方案让对方选择。这样客户就不会在合不合作的问题上犹豫，而是在如何合作上做选择。

◆ 帮助客户做决定

一些客户认可你的产品，也打算与你合作，可就是迟迟不与你签合同，总是在一些模棱两可的小问题上犹豫。这类客户或者是想通过这种方式获得更多优惠，或者是对一些问题还不是很明白。销售人员要耐心细致地解除客户的所有疑虑，促使客户尽早签合同。如果客户是想要获得更大的优惠，那么在条件允许的情况下不妨牺牲小利益，获得大利益。但是如果条件不允许，就要严肃地告诉对方，让对方趁早打消念头。对方知道不会再得到什么优惠，自然就会签合同。

◆ 要用欲擒故纵的策略

有些客户做事犹犹豫豫，虽然各方条件都已成熟，但就是不愿尽早签合同。这种情况下，你不妨装出一副不签合同就不再合作的样子。一般情况下，那些真想与你合作的人自然不会让你走，会迅速做出决定，签下合同。但是也有一些客户就是不买你的账，所以，表达情绪也要看时机。

◆ 放低姿态

有些客户对产品很满意，也有合作的打算，但是因为对销售员本身有意见，所以迟迟不愿意做决定。在这种情况下，销售员不妨放低姿态，以一种谦虚的语气真诚地向对方求教，让客户告诉你什么地方做得不到位。这样一来，客户的虚荣心得到了最大限度的满足，就算是对你再有意见，也不好意思继续与你对抗。继而，会和你签下订单。

客户时间观念强，应为客户珍惜时间

一次，公司派小王去跟一位房地产商谈安装电话的业务。当小王来到会客厅门外时，房地产商正在和一个业务员谈话，只听业务员在不断地陈说他们的服务，房地产商时不时地说："要点，要点。"然而，业务员还在不停地说，房地产商打断他说："好了，好了，你说的我明白了，回头我联系你吧。"

业务员走后，小王走了进去，打过招呼后，简明扼要地说了相关重点，然后就没再说话，房地产商望了他一眼，笑着说："好，小伙子够直接，回头你直接让技术人员过来给我们安装吧，把合同拿出来，我给你签字。"

从上面的故事中我们可以了解到，客户不愿意浪费自己的时间听无关紧要的话。所以，在和客户的沟通中，销售员一定要言简意赅，在最短的时间内，把问题解决掉，为客户节省时间。

时间就是金钱，对于生意人来说，节省时间就是赚取金钱。对于时间观念强的客户，销售员一定要学会为他们节省时间，那么，销售员该如何做呢？

◆ 提前做一个详细的时间表

一位成熟的销售员，在拜访客户之前都会做一个详细的拜访时间表，先做什么，后做什么，想要解决的关键问题是什么，一目了然，清清楚楚。这样和客户交谈起来就会思维清晰，大大节省了客户的时间，还使拜访的效果大大增强。所以，销售员要养成做拜访计划的习惯。

◆ 交谈时言简意赅

在与时间观念强的客户沟通的时候，尽量用最少的语言把主要意思表达清楚。销售员要不断加强思维的逻辑性，尽量将话说得简单易懂，简明扼要。

◆ 戴块手表

在拜访客户时戴块手表，无形之中告诉客户，自己是一个时间观念强的人，不会浪费时间。这样一来，就会在心理上给客户留下一个好印象。同时，戴手表可以随时注意和客户沟通的进度。如果不戴手表，就要时不时地拿手机来看，这对于客户来说是极不尊敬的行为。如果遇到的是位斤斤计较的客户，那么你的这个不雅动作会直接导致合作失败。所以，销售员要注意拜访中的每一个细节，不要因为一些微乎其微的细节丢掉合作机会。

◆ 一定要守时

一般情况下，销售员约了客户之后，一定要提前半个小时到达见面的地方，不要让客户等你。尤其是对一些时间观念比较强的客户，千万不能让客户等你，客户等你一分钟就意味着合作的可能性少一分。如果临时有事不能赴约，应该提前打电话告诉客户，并向对方真诚道歉，以求获得对方的理解，为下次约见做好准备。对于销售员来说，如果不是有太重要的事情，不要迟到，更不要随便取消约定，否则会让客户觉得受到了轻视，进而丢掉合作的机会。

客户专横霸道，应少说多听

张宇是某锅炉设备厂的业务员，一次，他向一家大型企业推销锅炉设备，价格是300万元。他刚把来意说明，对方就开始喋喋不休地说张宇所推销的锅炉存在很多问题，而实际上，客户所说的很多问题根本就不存在。

张宇内心非常恼火，但是他忍着没爆发，任由客户不断地发牢骚。最后这位客户似乎也说累了，就说：“像这么糟糕的锅炉，我顶多出350万元，再多一分钱也不会出。”于是，张宇顺利地拿下了这笔生意。

从上面的故事中我们了解到，客户有时候非常专制，不容销售员反驳。这时候销售员只需要保持沉默就可以了，无须在意客户一个劲地挑毛病和找缺点。销售员要了解专制型客户的心理需求，让他们挑剔，只要最终能合作，不妨在气势和言语上让着他们。

有时候一些专制型客户非常霸道，向销售员提各种无理的条件和要求，事实上他们只是想在气势上压倒对方，满足自己的优越感，那么作为一名销售员应该如何应对呢？

◆ 要充分满足客户的控制欲

一般情况下，专制型客户习惯于控制他人，跟他人沟通的时候，总是摆出居高临下的态势和腔调，使业务员感觉压力很大，甚至忍无可忍。但是，作为一名销售员，和客户沟通的目的是要与对方合作，所以要控制一下自己的情绪，只要客户和你签合同，买你的商品，你就算胜利了。至于形式和过程不必太过计较。

◆ 解说产品问题的时候，一定要有充分的理由

由于专制型客户不会轻易改变自己的决定和想法，也不会轻易地接受他人的建议和意见。所以，在去洽谈业务前，一定要做充足的准备，找个有说服力的理由，否则对方不会轻易跟你合作。销售员如果知道客户是个非常专制的人，就要有足够强大的心理承受能力。

◆ 要肯定他们，不要轻易反驳

专制型客户一般都非常顽固，他们认定的东西一般很难改变，即使是错误的。所以，在和他们沟通时，要顺从并肯定他们，即使对方的说法不妥，也要点头表示认可，千万不要站出来和他们论是非，辨真假，因为他们往往都是以自我为中心，不容许他人有异议。所以，销售人员一定要学会顺从，忍耐。

客户很感性，应以情动人

小军是某饮料公司的销售员，他平日里沉默寡言，但是却是销售团队的冠军。大家都非常地好奇，这么木讷的一个人怎么会有那么多的客户呢?

原来，小军口才不好，却用实际行动征服了客户的心，每天他都会早早赶到客户那里，帮他们扫地、擦桌子、打扫卫生，久而久之，客户被他的真诚所感动，自然就成为他忠实的客户了。

有一次，小军到一位经销商那里去推销产品，正值中午，因为停电，客户汗流浃背地沉睡着，小军拿起扇子，一边扇凉，一边耐心等待。客户睡了两个小时醒来后，被小军的行为感动不已。从那之后，这位经销商就成为小军最忠实的代理商。

从这个故事中我们了解到，客户不是因为销售员能说会道而认可他，而是因为销售员的真诚而感动。人非草木，孰能无情。当客户被销售员帮助、关心的时候，会在心理上形成一种弱势，一种亏欠心理，总想报答对方，而与销售员合作就是最好的报答方式。所以，销售员用自己的行动让客户形成这种心理弱势，从而完成销售任务。

情感是打动人心的金砖。再难攻克的客户，只要你用心去做，用真情去感化，对方迟早会成为你的忠实客户。那么到底如何用真情去感动客户的心呢?

◆ 从细微的小事上做起

有时候，往往越是细微的小事越能打动客户的心，如果你连鸡毛蒜皮的小事都能为客户想到，那么客户遇到大事首先会想到你。很多生活中的小事，并不需要销售员额外地支出时间、精力以及金钱，有时只是举手之劳。只要你用心，一点一滴去做，时间久了，客户自然会被你的真情所感动。

◆ 多为客户着想

作为一名销售员，要会换位思考，如果你所销售的产品你自己能接受，那么客户基本上也能接受。并且，客户需要从中赚取一定利润。因此，在向客户推销之前，你一定要思考，你的产品能让客户获得利润吗？利润是多少呢？如果作为客户，你愿意与自己合作，那么客户基本上也不会拒绝与你合作。真心实意地站在客户的立场上考虑问题，客户不会不买你的账。

◆ 管好客户的钱袋子

作为一名销售人员，你赚取的利润基本出自客户的支持。所以，你赚钱了，也要让客户赚钱。实际上，帮助客户赚钱的最好办法就是帮助客户理财。尽最大努力帮助客户省钱。如果你真心实意地帮助客户省钱，那么，客户是不会拒绝你的。所以，作为一名成功的销售员，只有帮助客户赚了钱，才能继续获得客户的支持，从而赚到自己的钱。并且获得客户的认可和信任。

◆ 真诚地关心、帮助客户

客户也是有感情的。只要销售员一心为客户着想，你为客户付出多少真情，客户自然会回报你多少真情。所以，销售人员要想获得大订单，就要对客户付出足够多的真情，因为只有这样，才能获得更大的利润。

客户精明能干，你别啰里啰唆

张强是某公司的销售人员，这次公司派他去谈一个业务。

张强走进客户的办公室，礼貌地和客户握了握手，便开始滔滔不绝地讲起来：“最近的世界杯足球赛实在是太精彩了，尤其是荷兰和西班牙的那场冠军杯争夺赛太值得一看了。西班牙队在场上占据了绝对的优势，但是荷兰队的防守也是密不透风。”

客户一脸茫然，点了点头，没有说什么。张强见客户不说话，于是赶紧转换话题，谈到了生活的方方面面，绕了一个大圈子才开始介绍自己推销的产品。面对张强的啰唆，王总忍无可忍地打断了他说：“好了，我要开始忙了，你出去吧。”就这样，张强没有获得任何有用信息就被赶出来了。

从这个故事中我们了解到，对于干练型客户，不妨开门见山地把你想说的话都说出来，让对方明白你想要什么，如果对方觉得可以接受，会直接与你合作。销售员要学会因人而异，用客户的思维方式与之沟通和交流，让客户觉得你和他是一类人，从而缩短你和客户的心理距离，为最终的合作赢得心理优势。

豪爽干练型客户说一不二，不喜欢绕圈子，很容易接近，但是很多销售人员却在他们面前屡屡碰壁。那么应该如何应对这种干练型的客户呢？

◆ 尽可能多地掌握客户信息

干脆利索是干练型客户的做事风格。销售员在拜访他们之前一定要多查找相关的资料，包括客户的性格、脾气、做事风格等。销售员掌握的信息越多，在交流中越有主动权。干练型客户不会给你现场学习的时间和机会，与他们交谈，能不说的话不说，必须说的话要突出重点，有逻辑性。本着解决问题的想法去交流，切不可胡乱套近乎，以免让对方心生厌恶。

◆ 保持干练的形象，赢得好感

每个人都喜欢跟与自己相似的人交往，同样，干练型客户也喜欢干练型销售员。所以，销售员在拜访客户之前一定要将自己的形象打扮得干练一些，缩短与客户的心理距离。可穿着深蓝色的西装，打上领带，擦亮皮鞋，整理好头发，面带微笑。说话时要看着对方的眼睛，注意力高度集中，用简单的话将产品的优点和特点说明白即可。如果要演示产品，力求简单，突出重点。如果觉得客户有合作意向，要及时拿出合同，现场签订。

◆ 履行承诺，言出必行

与干练型客户打交道，一定要信守承诺。答应办的事情一定要按时办到，如果临时有变化，也要尽量办到。如果因为某些原因使承诺的事情有所拖延，客户会觉得你办事不爽快，不干脆，对你产生反感。所以，销售员在与干练型客户打交道时，一定要信守承诺，给他们一个可信、可交的印象，以便今后更好地合作。

客户勤俭节约，你多介绍性价比产品

王玉是一家电脑销售公司的销售员，最近她遇到一个棘手的问题，在推销电脑的时候碰到了一位非常节俭的客户。对方是一位作家，需要一台电脑来提高工作效率，希望购买品牌机，但和王玉谈了好几次，都谈不妥。

后来，王玉向销售经理请教这个问题。在经理的指点下，王玉拨通了客户的电话。在电话中，王玉说："我们的产品技术含量高，功能比一般的电脑要好很多，而且我们的产品低耗能，用电量只是一般电脑的一半，更主要的是我们的售后做得很到位，一般都会保修三年，在这三年之内，出了任何问题，都可以免费为你维修。相比而言，不但能保证使用的质量，后续还能节省一大笔电费和维修费。这也是一笔不少的钱啊。"

客户听后，沉默了一会儿，说："那你明天过来签单吧。"

从这个故事中我们了解到，俭朴节约型客户并不是舍不得花钱，而是要把钱花得物超所值。所以对于这类客户，要适当给他们一些优惠，满足他们的这种心理，他们自然会成为你的忠实客户。

俭朴节约型客户在生活中也非常的细心和节俭，不浪费一粒米、一滴水。但是对于销售员来说，碰到这样的客户会非常头疼。那么在具体的销售过程中，销售员应该如何应对俭朴节约型客户呢？

◆ 强调一分钱一分货

俭朴节约型客户希望物超所值，所以就会千方百计地压低价格。销售员在和客户的沟通中，一定要强调只有一个价格，无论如何不能再低。价格高，那是因为产品的质量高，售后服务好。要给客户讲清楚，与其买价格便宜、质量不好、没有售后保障的产品，还不如买质量好、售后好、价格高一点的产品，因为比较下来，价格高的产品性价比也高。这样他们会明白怎样选择最划算。

◆ 强调商品的质量

价格对于俭朴节约型客户来说，无疑是选择消费的关键因素。所以，销售人员在与客户的沟通中，要强调质量，强调性价比。只要你的产品对客户有实实在在的诱惑力，那么客户会对你的产品感兴趣的。

◆ 用数字说话

俭朴节约型客户看的是实实在在的好处，所以销售员要用数字说话，因为数字能清楚明白地告诉他们，究竟能省下多少的钱，到底如何选择更划算。

客户极具个性，可创新营销话术

小杨是印刷厂的销售员。一次公司派他去见一位文化创意公司的老板。到了客户的办公室，小杨感到非常的别扭。这位老板穿着非常随便，一边工作，一边放着音乐。而小杨穿着西服，打着领带，与周围的环境格格不入。

入座后，还没等小杨开口说话，老板就拿出一盘西瓜，邀请小杨品尝。平日里习惯了一本正经的小杨，顿时不知如何是好。老板笑呵呵地说："小伙子，让你吃西瓜，你紧张什么啊？放心吧，不收费的。"这句话说得小杨挺不好意思的。

吃完西瓜，小杨开始介绍业务，刚说两句，老板就打断说："行了，行了，小伙子，你把资料放到一边吧，回头我抽个时间看一看，你这样说，我记不住。"

小杨无可奈何，只好道别，退出办公室。

从这个故事中我们了解到，客户并不都是千篇一律，有些与众不同的客户，按照普通的销售方式无法打动他们。销售员不妨想一些个性化的交谈模式与合作方式，从心态和行为上去迎合客户。只要能符合客户的心理，就能从客户手上拿到订单，完成销售。

一些追求个性的客户做事情往往不会按部就班，他们喜欢以自己的方式去生活和工作。销售员遇到这样的客户，千万不要循规蹈矩，以免让客户觉得你是一个没有想法的人，从而轻视和远离你。那么，销售员该如何获得客户的认可和青睐呢？

◆ 将谈客户想成是交朋友

一般追求个性化的客户都很随性，他们觉得喜欢或者好的事情，就会去做，不会有太多的顾虑。所以，销售员在与他们接触之前，要丢掉社会的固有思维模式，从客户的需求出发，把和客户沟通当作是与朋友聊天。只要客户觉得高兴，不妨顺着他们的意思。只要客户能与你合作，你就算销售成功了。

◆ 沟通的时候不要有太强的功利性

追求个性的客户一般会把工作当成一种消遣，不会太注重功利性。

所以，销售员在拜访他们的时候，不要一见面就谈产品的质量或者价格，这样会让客户觉得你是一个为了交易而存在的机器，而不是一个活生生的人。和他们交谈，可以多谈一些贴近生活的话题，在友好轻松的环境中沟通交流，等彼此心里没有防备之后，客户自然愿意与你合作，而不会过多地计较产品的价格和质量。要和追求个性的客户长期合作，销售员也可以学得个性一些。让客户觉得你是个知己，那么合作的事情就好办多了。

◆ 多样化沟通

追求个性的客户做任何事情都有自己的想法，所以，销售员在与他们沟通时，一定要别出心裁，满足这类客户的心理需求，赢得他们的好感。比如，改变见面的地方，不要每次都在对方的办公室。只要让客户觉得你的生活是丰富多彩的，你不仅会工作，还会生活，客户就会打心眼里欣赏你。征服了对方的心，自然就容易达成合作。

客户喜欢占便宜，可多给予蝇头微利

在某商场销售相机的现场，围拢的顾客非常多，但购买的却寥寥无几，原来他们中的大部分人都在等着拿买相机赠送的四节充电电池。但是，厂家调配的电池还没有到。所以，一大群的顾客宁可围观也不愿意马上购买。

从上面的故事中我们可以了解到，爱贪小便宜的客户总是希望能以最少的钱买到最好的东西。在价钱确定后，他们就会把注意力集中在赠品上，哪怕赠品并不值钱，他们也希望能得到。在他们看来，商品的质量和功能虽主要，但价格和赠品更重要。

对于爱贪小便宜的客户来说，产品怎么样不是最主要的。省钱才是最主要的。面对这样的客户，销售员会非常难受。那么在具体的销售中，如何才能满足客户的这种心理并最终达成合作呢?

◆ 尽量满足他们贪小便宜的要求

商家的利润是以客户的支持来获得的，如果没有足够多的客户，商家的利润就会变得微薄。所以，在条件允许的情况下，商家不妨进行让利，让爱占小便宜的客户尝到甜头，从而达成合作。事实上，客户只有购买了商家的产品，商家才有利可图。表面上客户占了便宜，实际上真正获利的是商家。客户拿走的只是小利益，商家获得的才是大利益。所以，很多商家为了获得大利益，在与客户的合作中，会适当满足客户占小利益的要求。所以，销售员要明白孰轻孰重，牺牲小利益，获得大利益，这是销售的良策。

◆ 准备一些廉价的赠品

人的贪欲永远都不会得到满足，当客户习惯了占小便宜，就会在以后的合作中，一而再，再而三地要求销售员便宜，让价。因为这些客户觉得，既然你能让价，说明利润空间很大，那么就应该再让给我一些。所以，销售员发现客户得寸进尺的时候，要立即打消客户这种不切实际的想法。一定要向客户讲清楚，公司的规定不能随便改来改去。已经让利了，再让公司就没有利润可赚了。这时候客户遭到拒绝，心理自然不好受。销售员要及时告诉客户，虽然不能让价，但是却有赠品。这对于那些爱占便宜的客户来说，也是一个极大的诱惑。

◆ 利用轰动性的活动带动消费

利用一些具有轰动性的活动，促使爱占便宜的客户合作。比如，举行一个十分钟速配比赛，将滞销的皮鞋堆成一堆，如果客户在十分钟之内找到一双，就可以打九折，超过十分钟就要全价买走。客户觉得有便宜可占，就会尝试一下。可是一般情况下，十分钟之内是绝对找不出来的，所以，商家不太可能亏损。事实上，这种方式经常被变相采用，即使客户完成了任务，获得了折扣和奖励，商家也不会亏损，因为大部分客户都难以得到折扣和奖励。所以，销售员不妨搞一些轰动性的活动，以此来调动爱占便宜的客户，让他们达成交易和合作。

◆ 利用捆绑销售的策略

对于爱占便宜的客户来说，有便宜可占，一般都不会错过。所以，销售员要想方设法满足客户这种心理。比如，利用捆绑销售的策略给爱占便宜的客户一种心理错觉，迎合他们爱占便宜的心理。

客户不爱讲话，可引导对方说出真实想法

小赵在某大型商场做化妆品促销。

一天，小赵遇到了一位非常难沟通的顾客，不管小赵说什么，对方就是看也不看小赵一眼，只是拿着化妆品看来看去一言不发，似乎根本没有听见小赵说的话。

万般无奈，小赵赶紧去找销售主管请教。

上面的故事中我们可以了解到，遇到沉默型顾客就算销售员滔滔不绝，对方也不会说一句话。实际上，他们不是不会说话，而是不想说话，说白了，他们不想让销售人员影响自己的决策。所以，销售人员遇到这类顾客，不要试图从他们嘴里套出什么。

一般来说，沉默型顾客大体分为三类：口才不好、不善交谈者，不愿交谈者，态度冷漠者。面对这类顾客，该用什么办法与他们沟通呢?

◆ 对于口才不好的顾客，要多引导

对于口才不好，不善于和他人沟通的顾客，销售人员要多加引导，

因为他们不是不愿意说话，只是不知道该和他人说什么好。遇到这样的顾客，销售员要一个一个问题地问，并且要越问越深。一般情况下，这类顾客会告诉你他的真实想法。而且，这类顾客，一般不会和销售员谈质量或挑毛病，销售员说什么就是什么。所以销售员在和他们的交流中，一定要知晓他们的真实想法，想方设法地满足他们的心理需要。

◆ 对于不想交流的顾客，要多观察

一般情况下，不想说话的顾客只是不想让销售人员影响自己的购买活动，但他们在认真听销售员所说的话。面对这样的顾客，销售人员就要仔细观察他们，探知他们的心理，然后主动迎合和满足他们的心理需求。

◆ 对于态度冷漠的人，要调动其热情

情感冷漠的人并不是说生活中情感冷漠，而是在面对销售员时表情麻木而冷淡。这类顾客一般都认为销售员就是盯着顾客的钱，销售员介绍的产品一般都是价格高、利润大的产品，因为只有这样销售员才能拿到提成。对于这类顾客，售货员一定要耐心服务，改变对方对销售员的厌恶心理。销售员要用真诚去获得对方的理解和认可。当顾客真正感受到你的那份真心时，自然会对你有好感。

第二篇

心理引导

第4章　以诚待人，拉近与客户的心理距离

每个人都喜欢接近自己熟悉的人，客户也一样，在选择消费的时候，多选择熟悉的销售员和商家。由此可见，客户都有害怕上当受骗，害怕吃亏的恐惧心理。在销售过程中，销售员能否缓解客户的担忧直接关系着合作能否进行下去。销售员要学会用技巧来拉近与客户之间的心理距离，比如真诚善意、学会聆听、寻求意见、保持微笑、主动热情、记住名字、多次见面等，要赢得客户的信任，让客户放心消费。

保持真诚，拉近与客户距离

刘军是刚刚应聘的商场促销员，主要负责可升降饭桌的销售。

每当有顾客前来观看和咨询的时候，刘军总是热情地为顾客解说买了这种饭桌是多么的方便和划算。刚开始购买的顾客很多，可是后来顾客越来越少，到最后甚至一天都卖不出去一张。

商场的销售经理对刘军提出了严重警告：要是再卖不出去，他就要被辞退。刘军越想越委屈，最后他决定，索性把饭桌的缺点老老实实地告诉顾客，反正自己也要被解雇了，老板高不高兴已经无所谓了。

这天中午，一位顾客来购买饭桌。刘军拿过饭桌，用脚狠狠地在折叠处踹了一脚，饭桌一下子弹了起来。刘军接着说："其实这种饭桌存在很多问题，折叠处非常容易坏，坏了就不能用了。所以我建议你不要买这种饭桌。"客户听了，惊愕地望了望刘军，摇摇头走了。

商场的销售经理立即将刘军叫去，狠狠地批评了一顿，让他立即走人。正在刘军准备离开的时候，刚才那位顾客带着好几个人走进商场，找

到刘军并一次性定购了50张饭桌。

从上面的故事中我们了解到，顾客更加喜欢坦诚的销售员，因为这让顾客觉得销售员是站在自己的立场上真心实意地为自己考虑的。因此，就算商品有缺点或毛病，顾客也愿意与你合作。

事实上，很多时候销售员卖的不是商品，而是人品。所以，作为一名销售人员要坦诚面对你的顾客，这样在无形中拉近了你和客户的心理距离，顾客觉得你是自己人，自然愿意认可、肯定和支持你。那么作为一名销售人员，该如何真诚地面对顾客呢？

◆ 在销售前，切忌散布虚假信息

很多时候，顾客往往会被促销广告中各种各样的信息所吸引，但是到了促销现场才发现，宣传与事实不符。这往往让顾客觉得上了当，受了骗，对销售员产生极坏的印象，甚至持敌视态度，这种抵触态度严重影响了顾客对产品的印象。所以，作为一名销售员，在销售宣传中，一定要提供产品的真实信息，用优质的质量和服务以及优惠的价格来吸引顾客，切忌欺骗顾客。

◆ 在销售中，不要隐瞒产品的缺点

不隐瞒产品的缺点或许会让个别顾客放弃了购买的打算，但是却赢得了更多顾客的心，因为你切切实实地站在顾客的立场上为他们考虑了。一般情况下，任何产品都有缺陷和不足，只是这种不足没有对产品的使用产生太大影响。但是顾客在不知道的前提下，以为购买了十全十美的商品，等他们发现这些小毛病后，自然对商家和销售员的印象大打折扣。如果事先告诉他们，让他们有个心理准备，顾客反倒会被销售员的真诚所感动，而忽略一些无关痛痒的小毛病。

◆ 在谈判中，销售员要如实公开信息

只有彼此坦诚相待，才能促成合作。在谈判阶段，销售员千万不要隐藏信息，试图在顾客不知情的情况下，签下对公司有利的合同。事实上，你欺骗了一次，不可能长期欺骗，顾客迟早会明白的，而且会严重影响销售员个人名誉。所以，销售员要如实告诉顾客各方面的信息，让客户在知己知彼的情况下签订双赢的合同，这样顾客才能信任你，并与你长久合作。

以请教方式开口，客户容易被打动

李嘉诚年轻的时候做过推销员。有一次，李嘉诚来到一家酒楼推销铁皮桶，结果被客户无情地拒绝了。李嘉诚垂头丧气地走出酒楼，但是他并没有就此放弃，他站在酒楼门口，想好了对策又转身来到楼上。

酒楼的老板看到又是那个推销员，刚要发作。李嘉诚就抢着说：“我这次来不是向您推销铁皮桶的，我只是向您请教，我刚才推销的时候，我的言行动作有什么不合适的地方，您一定要告诉我，我是一个新手，您是老前辈，您的经验肯定比我丰富多了，我希望您能给我指点迷津，帮帮我，好让我尽快取得进步。”

老板被李嘉诚的真诚所感动，一改拒人于千里的态度，向李嘉诚提出了一些批评式的建议，最后这位老板竟然奇迹般地改变了注意，订购了李嘉诚的铁皮桶。

从上面的故事中我们了解到，当客户拒绝你时，要放低姿态，以一个求学者的身份接近客户。在客户看来，销售员是为赚钱而来，但是你换一种身份，以一个求学者的身份和对方接触，不是为了钱，而是真诚地求学，客户会放松戒备，在传授过程中慢慢缩短心理距离，进而与你合作。

客户会拒绝一个推销者，但不会拒绝一个学习者。通过向对方学习，成功地接近对方，从而赢得销售的成功。那么，在向对方学习的时候要注意哪些问题呢？

◆态度一定要诚恳

很多客户对销售员意见很大，因为他们觉得销售员一些应该注意的地方没有注意到，包括礼节、技巧等。在这种情况下，销售员一定要放低姿态，向客户学习，态度上一定要真诚。当你以一个学习者的身份真诚地向客户求教的时候，客户一般都不会拒绝你。当客户多次给你指教之后，无形中，你已经成了客户的朋友，那么客户自然愿意与你合作了。

◆对客户的指教表示感谢

既然客户帮助了你，那么作为一个求学者理应表示真诚的感谢。这样客户才觉得你是真诚地拜他为师，向他学习，真正需要他的帮助。所以，销售员在拿到订单后，一定要真诚地感谢客户的帮助和指教。

怀揣热忱，让客户不好拒绝

小黄是电器商店的销售员。在一个冬天的正午，一对上了年纪的老夫妇来到柜台边。小黄急忙走过去询问：“大叔、大妈，你们需要什么啊？”

大妈说：“我们想要买一台电热水器，但是又不知道买什么样的好。”

小黄说：“那你们需要多大容积的啊？”

大叔说：“这个我们也不知道啊。”

小黄说：“这样吧，我给你们介绍这款。这个品牌的热水器质量好，价位也不是太高。”

大妈问：“这是哪里生产的呢？”

小黄说：“大妈，这是浙江生产的。”

听小黄说是浙江生产的，大叔、大妈似乎有些犹豫。小黄继续介绍说：“这个牌子的热水器生产厂家是国内专业的生产厂家，质量绝对有保证的。而且售后服务也很到位，这是其他牌子的热水器比不了的。”

当时老两口对这款热水器已经有了好感，但是并没有立即购买。

小黄：“大叔、大妈走好，欢迎再来。”

过了两天，大叔、大妈真的又来了，并且二话没说就把那款热水器买走了。

从上面的故事中我们了解到，客户需要销售人员热情对待。销售人员热情一些，客户感觉受到了尊重，从而愿意和销售人员合作。况且，谁喜欢跟一个板着脸，问话爱答不理的人合作呢？其实很多时候，客户对产品的认可，实际上是对销售人员的认可。

客户就是上帝，客户需要销售人员的热情和尊重。所以，作为一名销售人员，对待客户要有足够的热情，用你的热情去感化客户。那么在具体的销售中，销售人员如何将自己的这份热情送到客户的心里呢？

◆ 面带微笑地和客户见面

一个人的内心热不热情，从第一次见面就可以感觉出来。所以销售员在拜访客户时，一定要面带微笑，给客户一个信息——这个销售员见到我很开心。反之，客户见到你也会很开心。客户对你有了良好的第一印象，那么后续的合作会顺利得多。所以，作为一名销售员，在拜访客户之前一定要保持微笑，把乐观的情绪转达给客户。

◆ 主动与客户打招呼

在两个陌生人之间，谁先说话，谁就能掌握谈话的主动权。销售员来拜访客户，无非是想要客户和自己合作。所以，销售人员一定要积极主动地和客户打招呼，从而获得客户的认可和支持。

◆ 心系客户

很多时候，我们之所以怠慢他人，是因为那不是自己的事情，其中的利害得失与自己没有切身关系。但是，在与客户的合作中，销售员要把客户放在心上，把客户的事情当作自己的事情来解决和处理。作为一名销售人员，如果能将客户的事情当作自己的事情来对待和处理，那么就没有拿不下来的订单。所以，销售人员要心系客户，把客户的事情当作自己的事情来做，让客户感受到你的这份热情。

记住对方的名字，让客户感觉备受重视

田甜是一家广告公司的销售员。这家公司的销售员能力都非常强，因此田甜刚到公司时，感觉压力非常大。但是她很快就做成了一笔很大的单子。

田甜拉到的这位大客户姓张，之前因为某件事偶尔来过公司一趟。当时田甜留了个心眼，将张经理的名字记在了心里。当张经理第二次来的时候，正好是田甜负责接待的，田甜一见面就准确地叫出了张经理的名字，这让张经理颇为惊讶。那次接待给张经理留下了深刻的良好印象，于是，当张经理有合作机会时，自然就选择了田甜。

从这个故事中我们可以了解到：每个人对自己的名字都很在意，客户也不例外，他们会对一面之缘就能准确无误记住自己名字的人倍感亲切。所以，记住别人的名字，是获得良好人际关系的法宝。对于销售员来说，自然是获得客户青睐的良策。

名字只是一个代号，但是每个人都很在乎它。而人在一般情况下，如果不刻意去记，是记不住只见过一面的陌生人的名字的。那么，销售员如何记住客户的名字呢?

◆ 听清楚对方的名字

要想记住客户的名字，首先要听清楚。如果是客户在做自我介绍，你不妨再问一遍，并且确定每个字的写法。这样也不算无理，反而，对方也许会因为你对他名字感兴趣而高兴。如果是他人介绍，在私底下也要向介绍人问清楚每个字的具体写法。这样不但能正确了解客户的名字，还有助于记忆。销售人员在会客的时候，不妨带一个小本子，将对方的名字准确无误地记在本子上，多看几次就不会忘掉了。

◆ 核对名片的信息

一般来讲，客户都有自己的名片，在销售员拜访的时候，都会递上一张名片。但是一般的名片上都没有姓名的发音，如果有生僻字，销售人员一定要谦虚地向对方问清楚，以免将来称呼时叫错，让双方尴尬。销售人员客户见多了，很容易名字和人对不上。可以在名片上悄悄记下对方的特征，比如，脸型、是否戴眼镜、年龄、身材等。当你记下这些信息之后，下次见面就不会张冠李戴，给对方留下不好的印象了。

◆ 将客户的名字谐音化、大众化

有些时候，可以将对方的名字谐音化，以便记忆。如果客户的名字与名人的名字很相似，那么不妨就将客户和名人联系在一起，以便记忆。具体方法，销售员完全可以灵活把握。

◆ 多复习，多看

销售员在收集信息后，一定要将其整理、消化掉。可以将对方的各种信息综合在一起，制作一个客户信息卡片，时不时地拿出来看一遍。久而久之，就能将客户的各种信息刻在脑子里，客户就“活”在你的脑子里了。只要有该客户的动向，相关资料就会完整无缺地出现在你的记忆里。

保持黏度，增加与客户见面的次数

王妮是做啤酒销售的。第一天她到客户那里去推销，被拒绝后，王妮非常沮丧，但是她并没有灰心。

第二天，王妮又鼓足勇气，再次到那位客户那里去推销，客户还是拒绝了她，但是这次，客户的态度明显比上次好多了。

第三天，王妮一大早又来到了客户那里推销啤酒。这一次，客户虽然没有明确地拒绝她，但也没有明确地表态要她的啤酒。而是很友善地和她聊了起来。

第四天，当王妮再次来到那位客户的酒店时，客户开始与她商量啤酒的价格以及每次能下多少单子，但是客户依旧没有下单子。

第五天，王妮来了以后，客户二话没说，直接下了单子。

从这个故事中我们了解到，客户拒绝你，是因为和你不熟。事实上，人与人之间的见面次数越多就会越熟悉，销售员和客户之间也是一样。所以，销售员要想方设法和客户多见面。尽管客户开始表示不愿意，但是见的次数多了，慢慢会改变态度。

见面的次数越多，越能增加彼此间熟悉度。所以，销售员要多与客户见面，随着见面次数的增加，客户的态度会慢慢地由拒绝变成合作。那么在具体的销售中，销售员该如何增加与客户见面的次数呢？

◆ 第一次拜访客户时，要为下次见面留下台阶

销售员在第一次拜访客户的时候，不论和客户谈得如何，一定要在临走的时候，为下次拜访客户铺设一个台阶。比如，在第一次见面时，得知客户喜欢穿棉布鞋，那么在谈话结束时，一定要告诉客户，等自己乡下的亲戚来时，请他们做两双。尽管这时候客户一般会回绝，但是这些话一定要说。因为你不说，客户就不知道你下次为什么还来，你说了，尽管客户

会拒绝，但是等你下次拜访的时候，客户会无意中有个心理期待，自然愿意接见你了。所以，销售员在第一次拜访结束时，一定要为下一次拜访找个借口。

◆ 每次拜访的时候都要找个合适的理由

很多事情，没有理由就觉得不应该做。销售员有这样的心理压力，客户也会有这样的心理定势。所以销售员在每一次拜访客户的时候，都要找个合适的理由。这样自己就不会有心理压力，客户也会觉得应该来拜访。比如，“上次的报价做了新的调整。这次顺便路过您这里，给您送过来。”或者“上次带来的样品不全，这次带了全部的样品给您看看。”等。只要客户觉得这个理由成立，就不会觉得你扰乱了他的工作和生活。这样一来，客户觉得你对他很上心，也会慢慢地对你有好感。再加上经常见面，心理距离也在慢慢缩短。合作也由不可能慢慢地变为可能了。

◆ 创造机会见客户

有些时候，被客户拒绝后，一时半会也找不到合适的理由再去拜访客户。这时候就要主动出击，为见到客户创造机会。当然这需要详细了解客户信息。销售员可以花些心思去了解客户平时的活动范围，比如，在什么时间、什么地方吃饭，周末如何度过的等。然后在特定的时间、特定的场合及时出现，这种时候只需要打个招呼或者问个好。但是积少成多，等你创造的这种巧合足够多的时候，客户自然想与你合作了。

在一群陌生人中，人往往会找一张熟悉的脸，这样就不会感觉孤单。所以，销售员要想获得客户的认可，就要多和客户见面，缩短彼此间的心理距离。时间久了，客户有需要的时候，会第一时间想到你。所以，当客户回绝你的时候，如果你没有其他办法，那么不妨多和客户见面。

第5章　灵巧施策，消除客户的心理壁垒

不管销售员做什么，在客户的心里，都会本能地产生一种防备心理，总觉得销售员是为了拿走自己的钱。在这种极强的心理抗拒下，销售员几乎很难引导客户。这时候，销售员需要弱化客户的这种对抗心态，突破客户内心的堡垒，转变客户看问题的角度，让客户明白销售员是为了帮助他们才接近他们的。事实上，让客户放弃对抗，敞开心扉接受销售员是件很难的事情。这需要销售员将自己的销售目标后置，适当和客户保持一定距离，用敬业精神赢得客户的尊重。除此之外，要充分利用客户的歉意心理等。

限额销售，吊足客户的胃口

刘杰在某个电器商城做销售，近来处于销售淡季，好几天都没有卖出去一台电器，这让他非常着急，去请教销售经理。销售经理给他出了个主意，那就是限量销售。

当刘杰把限量销售的牌子打出去后，果然来了很多客户，当天就销售了三台电视，两台冰箱。尽管店里的电器积压成山，但是刘杰依然坚持每天限量销售，每家每户只能购买一台同类电器。

尽管很多电器每家也只需要一台，但是刘杰的广告打出去后，吸引了不少的顾客。就这样，在短短半个月时间内，刘杰将滞销在店内的大量电器都卖了出去。

这种限量版销售激发了很多客户的好奇心理，人们都想知道这家电器有什么特别的地方。事实上，出于逆反心理，很多客户本来只想买一台，但是听说是限购的，就觉得再买一台其他类型的电器也是合算的。

从上面的故事中我们了解到，商品价值会随着数量的减少而增加。客户觉得商品多，就没什么珍贵之处，所以对商品不感兴趣。但是如果这个商品只有几件，或者只卖一天，那么客户会立刻产生兴趣，因为如果错过这个购买的机会，就意味着以后都买不到了。限制商品的销售对客户是个极大的刺激，所以，销售员要适当运用这个策略来调动客户的积极性。

人们往往会对得不到的东西产生极大的兴趣。在销售员和客户的沟通中，销售员要适当告诉客户商品的数量有限。那么即使是暂时没有兴趣的客户也会考虑购买。那么在具体的销售过程中，销售员该如何将客户这部分潜在欲望调动起来呢?

◆ 设定消费数量

通常情况下，客户觉得商品多得是，所以不会着急去买。但是如果销售员告诉客户，每个人只能买一个或者两个商品的时候，客户被限制了购买数量，就会觉得是不是商品不多了呢? 既然不多了，要是被别人买走了，我就买不着了。所以，当商家打出限量销售的广告时，往往能刺激客户购买。

◆ 设定消费时间

在生活中，我们常常能看到店铺打出这样的口号："打折啦，最后三天。"设定了促销的时间，无疑是告诉客户，三天后你就享受不到这种待遇了，就要涨价了。对于客户来说，三天内买能省下一部分钱，三天后买就要多掏一部分钱，客户自然愿意抓住这个机会。所以，如果销售人员觉得客户有购买的需求，但是迟迟不做决定，那么，不妨运用一下这种策略，将客户的消费欲望调动起来。

◆ 设定消费条件

按理说，不设置条件，客户都没有消费积极性，设置了条件，客户应该更加不会购买了。事实恰恰相反，当设置了购买条件之后，客户的消费积极性明显地增强了很多。这是因为，当没有设置购买条件的时候，每个人都能买，当设置了购买条件之后，很多客户有钱也买不到，于是他们的心理不平衡感会促使他们想方设法地购买。所以，销售员如果想要某一些客户群购买你的商品，不妨故意把他们排除在外，调动他们内心的购买欲望。

展现敬业精神，赢得客户的信任

以前，在美国标准石油公司有一个推销员叫阿吉。起初，他只是一名普通的推销员，但是后来却荣任标准石油公司的第二任董事长，是他的敬业精神为他赢得了这个职位。

当时，公司的宣传口号是"每桶4美元的标准石油。"所以阿吉在任何时候都用这个口号不断暗示自己。后来他在自己签名的文件、书信或收据上，签名后都会缀上"每桶4美元的标准石油。"渐渐地，同事们都叫他"每桶4美元的标准石油"，而忘记了他的真名字。

一次偶然的机会，时任董事长的洛克菲勒听说了这件事情，于是他找到阿吉，问道："你为什么要这么做呢？"阿吉回答说："这不是公司的宣传口号吗？我多写一次，就多一个人知道，也许就能赢得一位客户，如果这样长期坚持下去，我们的客户就会越来越多。"

后来，洛克菲勒退休的时候，特意指定让阿吉做了第二任董事长。

从这个故事我们了解到，一个敬业的人是很容易赢得他人的尊敬和爱戴的，因为一个对工作认真负责的人，对待生活和朋友也会一样的认真负责。一个人的态度决定一个人的成就。所以，销售人员要敬业，从而赢得客户的认可和尊重。

做销售工作一定要摆正态度，一定要敬业，要认真负责，只要你有和自己拼命的想法，就没有什么能够把你难住的事情。那么在具体的销售过程中，销售员怎么做才算敬业呢？

◆ 要有不到黄河心不死的执着精神

作为一名销售员，被客户拒绝是经常的事情。当你被客户拒绝的时候，千万不要灰心，不要丧气，销售就是从拒绝开始的，所以，你要执着一些。对方拒绝你，肯定是你什么地方做得不到位，那么改正过来再去找客户。很多时候，客户会因为你的执着、认真、敬业而尊敬、认可你，愿意与你合作。所以，作为一名成熟的销售人员，执着的精神是必不可少的。

◆ 要有不怕苦、不怕累的奋斗精神

销售是个非常辛苦的工作，哪里有客户，哪里就应该有销售人员的足迹。所以，吃苦耐劳是销售人员必备的基本素质。客户会因为你冒着大雨前来拜访而备受感动，会因为你风尘仆仆地赶来而立即和你签合同。你的付出让客户打心眼里佩服，从而更加信任你，愿意与你合作。

所以，销售人员要摆正自己的态度，认认真真地对待自己的工作。你的敬业会赢得客户的尊重，进而愿意与你合作。

下调销售目标，激发客户的购买率

小周是床上用品的销售员。一次一位客户想要买床垫，小周先给客户介绍一种最差的。然如实地告诉客户：“这种床垫质量很次。”客户摇摇头，表示不愿意买这种。

事实上，一般的床垫都要用七八年，所以，客户不可能买质量太差的。但是，听小周这么一介绍，客户心里对小周有了好感：“这个销售员，没有专挑贵的给我推销。”

这时候，小周又带客户来到质量和价位都中等的一款床垫前，对他们说：“这种床垫质量很不错，差不多可以用20年。价格稍微高一些，但是性价比高。”客户点点头，表示认可。

最后，小周让客户看一款价格最高的床垫，说：“这款床垫的质量最好，但是价格也最贵，不过用30年没有问题。”

客户折中了一下，选择了中间价位的那款。事实上，这款正是小周一开始就想推销给客户的。

从上面的故事中我们了解到，客户对销售员推销的商品都心存戒备，觉得销售员推销的商品一定是价格最高的。在这种情况下，销售员要将自己的意图隐藏起来，让客户放松戒备。

面对客户的戒备心理，很多销售员无计可施，销售员越是想让客户买高价商品，客户却是不买。在这种情况下，销售员有必要将自己的目标放低一点。那么，销售员应该怎样做呢？

◆ 不要马上将自己的推销目标暴露给客户

在销售过程中，销售员和客户在不断博弈。销售员想尽快把高价钱的商品推销给客户，拿更多的提成，而客户也知道这一点，所以对销售员的推销不屑一顾。在这种情况下，销售员要考虑如何打消客户的防备心理。顾客对你没有防备了，你说的话才能被对方听进去。

◆ 通过比较来突出自己的目标商品

既然客户觉得销售员的话不能信，那么销售员就要想办法让顾客觉得自己的话可信。因为在顾客的心里，一直认为销售员会介绍最贵的。所以销售员可以通过比较来突出自己的目标商品。比如，如果你所销售的产品价格很贵，那么就找个便宜的和更贵的与之比较。先给客户介绍便宜的，让客户紧绷的神经放松，然后再告诉客户这个产品质量不太好，那么客户就不可能买。这时候再集中精力介绍你准备销售的产品，当然不能夸大其词。这时候客户会觉得质量没问题，但价格有点贵。这时再介绍个更贵的，相比之下，你突出销售的产品就显得质量好且价格适中，客户自然会选择这个产品，而且客户会觉得这个商品是自己选择的，没有受销售员的影响，而实际上，早已经钻进了销售员设置的销售计策里了。

在销售员和客户的心理博弈中，将销售目标放低一点，在打消了客户抵触心理的前提下，用质量和价格相对极端的商品与目标商品比较，让客户自己选出销售员预期的商品。这样，既隐藏了销售员的真实目的，又满足了客户的自主心理，可谓一箭双雕。

当然在具体的实践中，销售员还要注意，对于一些高档商品，介绍陪衬商品的时候，要先介绍价格高的。因为客户认为高档消费品的价格就应该贵。如果先介绍低价商品，往往会让客户觉得销售员看不起自己，从而产生不悦情绪。相反，在介绍一些实用商品的时候，要多从低价位开始介绍，因为选购这种商品的客户追求的是质量，而不是品味。介绍过高价位的商品，不但解除不了客户的抗拒心理，反而会把客户吓走。

提供事实依据，打消客户的疑虑

王晓鹏是暖气片公司的销售员。被公司派到东北开发市场。王晓鹏刚到那里，就接到了一个业务要谈。

客户是一家房地产开发公司的总经理，姓王。王晓鹏见到王总后，王总对他非常热情，等王晓鹏介绍完公司的暖气片，王总沉默了一会儿，直接说：“我们确实需要一批质量合格的暖气片，但是我根本没有听说过你们公司。坦白说，我对你们公司缺乏信任。你如何才能让我相信你们公司的实力呢？”

王总的爽直让王晓鹏很惊讶，他马上拿出公司营业执照的复印件和公司宣传页给王总过目。

看了相关资料后，王总心头的疑虑打消了。他笑呵呵地说：“你们公司的资质没有问题，但是究竟要不要与你们合作，我还需要考虑一下，你先回去，回头我给你打电话吧。”

王晓鹏临走的时候，从王总那里要了一张名片。他知道王总这么说肯定是有合作的意愿的，否则就不会看他们的材料了。

在与客户接触之后，尽管客户对销售员非常热情，但是不了解对方的相关背景的情况下，客户是绝对不可能贸然与你合作的。所以这个时候，为了让客户打消疑虑，销售人员要及时出示企业的相关证明和宣传资料。

客户要合作，首先要保证合作的安全性。所以，客户对第一次上门的销售员有疑虑也是可以理解的。事实上，销售员如何让客户对自己和自己所在的公司有个初步信任是进一步合作的基础。那么销售员如何做才能减少客户的担忧呢?

◆ 向客户出示公司的营业执照

营业执照是公司存在的证明。客户要与销售员合作，首先必须确认眼前的这个人是否真的是公司职员，他所代表的公司是否真的存在，如果存在，公司是什么规模，这些问题是客户与销售员合作之前必须要了解的。所以，销售员在第一次拜访客户的时候，要带上企业营业执照的复印件，因为营业执照能很好地证明公司的合法地位。

◆ 向客户出示公司的宣传页

公司为了做好自身的宣传，一般都会做一些企业的宣传页，内容包括公司的基本信息和服务范围，是公司整体形象的展示窗口。所以，销售员在拜访客户的时候，一定要把公司的宣传页及时拿给客户，让客户对公司有一个基本的了解。

◆ 向客户出示名片和胸卡

销售员在拜访客户的时候，一定要佩戴企业配发的胸卡。因为胸卡能证明你是企业的员工，增加你的可信任度。除此之外，销售员要记得把自己的名片留给客户，而且，销售员递名片的同时也是向客户索取名片的最佳时机。因为有了名片，相互的联系就会方便得多，这是业务合作的起点。

第6章 摸清定律，顺势掌握客户心理和行为

客户的消费行为会受一定心理因素的影响，长此以往，形成了一定的规律，并且具有普遍性。比如二八定律、二选一定律和伯内特定律等。在销售中，销售员掌握了客户的这些心理定律，就能投客户之所好，满足客户的各种需要。

二八定律，客户永远是上帝

小郑是平安保险公司的销售员，销售业绩一直名列前茅。

这天，他去拜访一个整整跟了三个月还没有做下来的大客户。对方是某建筑公司的总经理，姓刘。

小郑绕过了秘书，见到了刘总，一见面小郑就热情地说："刘总，您好，很高兴又见到你了，听说你儿子考上清华大学了，是吗？恭喜你啊。"

刘总本来对小郑抱有很强的抵触心理，一听到小郑谈到自己的儿子，那可是他的骄傲啊。他自然心花怒放，喜上眉梢，于是和小郑谈起了自己的儿子，防备心理早就抛到了九霄云外。谈了一早上之后，刘总心情大悦。小郑抓住这个机会，拿出保险合同说："刘总，你看这么高兴的事情，应该同喜同乐，你给员工们买保险，让员工们也能分享到你的快乐吧。"

刘总心情大好，想也没想，就拿起笔在合同上签了字。就这样，小郑跟了三个月没拿下来的单子终于拿下了。

从这个故事中我们了解到，有时候客户需要的是你的关心。当你时时关注客户的生活，你就会发现他们生活中的悲伤和快乐。当他们开心的时候，要懂得与他们一起分享，当他们悲伤的时候，要和他们一起分担。维

护客户要比开发客户更加重要，事实上，在销售的过程中，客户的开发只占20%，而维护却要占80%，这就是二八定律。

尽管销售员和客户之间存在着利益关系，但是这种利益关系并不是赤裸裸的金钱交易，其中还包含人与人之间的温暖和真情。销售员要多关心客户的生活，关注他们身边发生的事情，这样无形之中就会渗透到客户的生活中去。所以，销售员要学会用情感温暖客户。那么作为一名销售人员，又该如何关怀客户呢?

◆ 有针对性地关怀客户

由于客户各具特点，所以关怀客户的时候也要区别对待。对于事业心比较强的客户，一般能让对方开心或悲伤的事情基本都与工作有关，所以，关怀他们的时候，多和他们分享事业上的收获，分担事业上的挫折。如果客户有什么实际的困难，销售员可以提供帮助。对于重家庭、重感情的客户，一般情况下，遇到的问题都与家庭和情感有关系，所以，关怀他们的时候，多和他们分享家庭的快乐，家人的成功，分担家庭中的痛苦和磨难。但是一定要弄清楚客户的具体问题，然后具体处理。切不可不了解客户的真正问题，就胡乱关怀一通，这样，不但不能拉近和客户之间的心理距离，还会因此得罪客户。

◆ 为客户提供良好的产品和服务

客户之所以跟你合作，是因为有这个需求，而销售员又刚好能满足这个需求。所以，销售员给客户提供最好的产品和服务就是对客户最大的关怀。因为你给对方的生活和工作带来了更多的便捷和舒适，客户认可你的产品和服务自然会和你长期合作。销售员在提供了产品和服务之后，要及时跟踪客户的消费状态，如果有问题，及时妥善地解决。这样一来，客户会觉得销售员是真正关心他们的。

◆ 要和客户保持经常性的联系

一名成熟的销售员不但能从客户身上不断地得到订单，还可以让老客户不断地为自己推荐新客户。通常情况下，做客户就是在交朋友，即使和对方合作了，也不要冷落你的客户。人的情感是变化的，长时间不联系的客户，就会疏远彼此的心理距离。销售员要经常给客户打电话或者发短信，关心客户的工作和生活，问他们是否需要帮助。持久的联系让客户觉得你并没有忘记他，并没有因此而冷落他。只有这样，你的客户才不会被其他销售员抢走，你和客户之间的合作才能够长久保持。从这个角度上来看，关怀客户就是在关怀自己，对客户好就是对自己好。

二选一法则，引导客户做出选择

小柯是销售数码产品的销售员，这天早上，他给客户打电话。

“钱总，您对数码产品的了解可真是让人佩服得五体投地，如果有机会能够当面向您请教学习，那将是我无上的荣幸。您看，要不咱们约个时间，让我当面聆听您的教诲，可以吗？”

“行啊，不过我最近特别忙，没时间啊。”

“钱总，我不会浪费您太多的时间，10分钟就足够了，您看是这周方便，还是下周方便呢？”

“下周我准备见一个很大的客户。那就这周吧。”

“那您看是周一方便，还是周五方便呢？”

“周五吧，周一手头的事情比较多，恐怕不行。”

“那周五上午还是下午呢？”

“下午吧。”

“那您看是三点合适，还是四点合适呢？”

“三点有个会，那就四点吧。”

“好的，那周五下午四点钟，我准时去找您啊。”

“好，到时候见。”

从上面的故事中我们可以了解到，客户在有许多选择的时候，都会犹豫，在这种情况下，销售员要准确地应用“二选一”的技巧，不断缩小客户的选择范围，从而帮助客户做出最后的决定。只有这样，销售员才能引导客户顺着自己的思路走，这就是“二选一定律”。所以，销售员要在客户犹豫不决的时候，适当地引导客户做选择。

客户在面对品种繁杂的产品时，往往会一头雾水。不知道究竟该选择哪一种产品，因为很多产品的类型相似，功能相似。这时候，销售员要通过这种“二选一”的方式更加准确地了解客户的需求，从而推荐给客户他真正需要的产品。在应用二选一定律的时候，销售员应该注意哪些问题呢？

◆ 要认同客户的观点和理念

应用二选一定律来帮助客户做决定的时候，一定要注意，如果客户有大致的方向了，那么首先销售员必须要承认客户的观点和选择是正确的，然后再在产品的细分上做文章，千万不可反对客户的选择和观点。如果在这个时候反对客户，那么就和客户产生了对立情绪，而且给客户一种不被尊重的感觉，因为毕竟是客户在选择自己想要什么。

◆ 要讲究询问的顺序

销售员应用“二选一定律”明确客户要求的过程中，一定要注意询问的逻辑顺序。一般情况下，问题间应该环环相扣，这样客户在你的引导下才能做出准确的判断。在这种情况下，最忌讳销售员语言逻辑混乱，不能一会儿问“需要A，还是B”，一会儿又问“需要价位高的，还是价位低的”。这样，如果顾客选择了A，而在后面的问题中，又选择了价格便宜的，如果A是价格贵的那个产品，那么销售员的询问就失去了意义，反而让客户处于两难的境地，这样就会导致客户对你的专业性产生怀疑，进而对你不信任。所以，销售员在向客户询问的过程中，所问的问题一定要有逻辑性，后面的问题应该以前面的问题为基础，这样才能准确地定位客户的需要，才能让客户觉得你的服务是到位的，才会信任和认可你。

◆ 要给客户假设一个需求

销售员在应用“二选一”的方式和客户的沟通中，要注意多问客户“您是选择A还是选择B”，而不是问“买还是不买。”一般情况下，客户对自己究竟是买还是不买没有一个准确的定位。如果销售员贸然问“买还是不买”，那么，客户一般都会说“不买”。如果销售员问“您是选择A还是选择B”，那么引起客户注意的是A或者B，也就是在潜意识里承认了要买这个事实。客户一般都会选择一种，不管选择A还是选择B，对于销售员来说都是销售成功了。所以，销售员在向客户推销产品的时候，不管客户是否真有这个消费需求，一定要先假设客户有这个需求。在这个前提的诱导之下，客户自然会顺着销售员的思路走。

奥美定律，始终抓住客户的心

在公司的销售团队中，几乎每个销售员都有自己的对象，唯独小刘是单身。但是他的业绩却是全公司最好的。大家都说小刘总是把客户当成自己的女朋友一样对待，事实上也的确如此。

一次，小刘和客户约好在郊外的一个度假村见面。谈完业务之后，小刘和客户都离开了度假村，各自回家了。谁知二人分别后不到10分钟，突然下起了大雨。小刘由于经常外出，习惯了包里放一把伞。可是客户平时都是开车出门，没有这个习惯。

小刘想到这里，赶紧给客户打了个电话，正如小刘所料，客户被困在一个小卖部里，小刘赶紧冒着大雨去接客户，并把客户送到了家里。而小刘因为用伞护着客户，自己的半个身子全都淋透了。

起初由于价格问题没有谈下来的合作项目，在小刘把客户送到家之后，客户二话没说，立即让小刘拿出合同并签了字。并且从那以后，客户和小刘成了无话不谈的朋友，还给小刘介绍了不少新客户。

从上面的故事我们可以了解到，客户需要销售员用心去对待。很多时候，销售员只是把客户当作一个合作对象，为了让对方与你合作，想尽一切办法，只要合作结束，再也没有了联系。销售员这么定位客户，客户自然也会只把销售员当作合作者。如果销售员把客户当成恋人一样上心，客户自然会把销售员当成亲密朋友一样对待。这就是揭示销售员和客户之间关系的奥美定律。

我们常常说：将心比心。其实，在客户和销售员之间也是这样的。销售员对客户有几分真心，客户也会相应地回报几分。所以，销售员要想获得客户的认可和关照，就要把客户当作“恋人”一样用心。那么，在具体的销售过程中，销售员到底如何做才能让客户感觉到这份真心呢？

◆ 见客户一定不能迟到

和客户约定好的时间，销售员千万不能迟到，并且要早到，耐心地等待客户。自己多等一会儿没关系，但是千万不能让客户等你。如果你迟到了，让客户等你，那么这个单子十有八九拿不下来，因为你让客户觉得你根本不重视他

◆ 答应客户的事情一定要办到

承诺客户的事情一定要做到，如果因为某些原因，最终食言了，会使

客户对你的信任大打折扣，给以后的合作和交流埋下隐患。所以，销售员要尽量履行对客户的承诺。如果因为客观原因没有做到，那么要向客户诚挚道歉，以获得客户的原谅。

◆ 客户有需要时一定要随叫随到

如果客户有什么问题，销售员一定要随叫随到。销售员是客户的服务者，客户如果对产品有什么疑问或者想法，第一时间找的就是销售员。这时候，销售员不管在做什么，都要第一时间赶到客户面前，为客户解决疑问，帮助客户处理问题。只有这样，客户才会觉得销售员是认真负责的，彼此之间才会有一个长期和发展的合作关系。

◆ 和客户合作之后，一定要时时关心他

与客户合作之后，销售员要时常关心客户。让客户感受到你的那份真诚和关怀，并被你的真心所感动。继而，愿意跟你达成一个长期合作的关系。所以，销售员千万不要吝啬自己的关怀，时不时地打个电话或者发个短信，让客户听到你的声音，从而常常记着你。

了解客户的兴趣爱好，便于投其所好

小文是推销办公用品的销售员。他最近得到消息，在他们公司附近有一家文化公司正打算运作，公司要运作自然少不了办公用品。所以，小文利用各种渠道找到了该公司的总经理，也和对方约好了具体的沟通时间和地点。

除此之外，小文还打听到，总经理酷爱书法。所以，在拜访之前，小文查阅了有关书法的书籍，而且还找了两幅后人临摹的书法作品，尽管价钱不高，但是小文也是费了一番心血才弄到手。

和总经理见面之后，小文没有急着介绍自己的产品，而是跟总经理聊起了书法。一提到书法，总经理立即来了精神，滔滔不绝地说了起来。期间小文也时不时地发表一些意见，其实这些都是他从书上看来的，但是让总经理觉得，小文是难得一觅的知音。最后，小文将两幅临摹作品送给了总经理，总经理非常高兴。

小文抓住时机，把自己想要与总经理合作的想法说了出来，总经理二话没说，直接签了合同。

从上面的故事中我们可以了解到，任何人都有自己的喜好，客户也不例外。所以，销售员要了解清楚客户到底有什么喜好，然后尽最大能力来满足对方，这样客户自然会把你当作知己。当你投其所好之后，客户就不会对你有任何戒备，合作也就是水到渠成的事情了。

客户的喜好，往往是销售员攻破对方内心防卫的良策。所以，销售员在和客户接触之前，一定要把客户的脾气、个性弄清楚，然后依据不同的人制订不同的拜访计划，投其所好，自然能起到事半功倍的效果。那么，究竟如何才能做到投其所好呢?

◆ 在拜访之前一定要多调查，多了解

销售员在拜访客户之前，一定要通过各种渠道，详细地了解客户的脾气、个性、说话方式等。一般来讲，客户公司的资料可以从网络上获得，客户本人的信息可以从拜访过的同事那里获得，也可以从对方公司的职员那里获得。充分掌握客户资料之后，再去拜访，那么主动权就掌握在自己的手里了。

◆ 在拜访中要随机应变

尽管在拜访前做了充足的准备，但是那些都是从他人那里得来的。销售员见了客户之后，要随机应变，根据不同的情况作出调整。比如说你从旁人的描述中得知客户是一个脾气非常暴躁的人，而且非常挑剔，不好合作。但是你见到客户本人之后，发现对方对人非常和蔼，是个很儒雅的人。这时候你之前所做的一切心理准备都会失去作用，在这种情况之下，销售员应该放松一些，多聊一些与文化相关的话题。一般情况下，一个人的气质能反映出这个人的内涵。根据外在的观察，转换聊天的话题，进而更好地了解对方的需要，真正地投其所好，让对方高兴。

◆ 在拜访后要做相应的跟进

很多客户在销售员第一次拜访的时候很难同意合作，所以，销售员必须跟进。在跟进的时候也要投其所好，以客户喜欢的方式跟进。比如，有的客户在第一次见面之后，不喜欢以后也在办公室里见，那么，销售员就要适当地询问对方的态度，如果对方不反对，可以选在比较轻松的环境见面，这样更有利于双方的沟通。销售员在第一次拜访客户之后，应该对客户有一个准确的定位，比如，客户是个精明的人、时间观念强的人，或者是个注重生活情调的人。对于各种不同的人，一定要用不同的方式和他们沟通。

第三篇

对症下药

第7章　了解客户，让营销更有的放矢

客户在消费的时候，由于受各种各样心理因素的影响，考虑的东西比较多，比如，销售员会不会欺骗自己，在这次合作中，是否利益均等，是否能够获利等。销售员要根据不同的客户，不同的情景，给客户合理的解释，消除客户心中的疑惑，让客户明明白白地消费，销售员了解客户在消费时的各种心理，对于促使客户消费起着非常关键的作用。

互惠心理，把握给予和退让法则

张宇是北京某大学二年级的学生，他利用假期的时间在一家不小的超市里做售货员。

这天下午，来了一位四十多岁的中年男士，想要买奶糖，问了问价格，觉得有点贵，于是对张宇说："能不能便宜一些啊，我要不少呢！"

张宇为难地说道："我们超市总部定的价格是死价格，我也想给你便宜，但是便宜之后，我们就要把差价补起来。"

中年男士听了，说："你们也不容易，我买东西，不能让你们付钱啊，来吧，给我称20斤吧。"

从这个故事可以看出，这位客户自己想省钱，却也不能让销售员为自己垫钱。客户能理解销售员的苦衷，所以不再挑剔价格，一下子买了20斤商品。客户能够理解销售员，才会有和销售员双赢的心理，让双方都不要吃亏。所以，销售员在销售过程中让客户理解自己，是赢得客户的关键。

客户当然希望商品的价格越低越好，但是商家也需要从中获取足够的利润，所以，要平衡商家和客户之间的利益，让商家有利可图，让客户欣然接受。那么，如何才能让客户理解销售员，达到双赢呢？

◆ 强调商品的质量

商品的质量往往是客户最关注的问题。谁也不愿意花大价钱买个残次品。在客户提出“太贵了”“不合算”等问题的时候，要尽量留住客户，把产品的优势告诉他，能让客户在一种很舒服的状态下接受我们的意见。切忌不咸不淡地说“你不识货”“一分钱，一分货”之类的话。因为这种话就像一把利剑，很容易伤害客户的自尊心，甚至激怒客户，引起矛盾。实际上，客户买的是价值，而不是价格，而且也知道“一分价钱，一分货”的道理。

◆ 突出商品的优势

在销售中，很多客户会提出你的商品比其他商家的商品贵。这种时候，我们可以将同类商品进行优势对比，突出自己商品的优势。让客户知道“贵有贵的理由”。正如人们常说的“不怕不识货，就怕货比货”，在对比当中，客户一目了然，自然会选择物有所值的商品。在巧妙地突出自己产品优势的时候，千万不能贬低竞争对手，以免带来不必要的麻烦。对于那些购买后存在附加成本的商品，我们可以通过分析附加价值的优势，促使客户购买。

消除客户害怕上当的心理

在一家大型商场的家电促销现场，好几个促销员围着一对小夫妻推销自己的产品。

甲促销员：“我们这是响应国家政策的家电下乡活动，购物满1万元的商品回赠200元，你还犹豫什么呢？”

乙促销员接着说："你不用担心我们产品的质量问题，我们的产品都是经过ISO国际认证的，质量上你可以绝对放心。"

丙促销员接着说："你要是家住得远，也没有关系，我们负责送货上门的，而且我们这边可以刷卡，不管是银行卡，还是信用卡，都可以使用。"

面对促销员火炮式的围攻，小夫妻俩显得很没有主见，他们犹豫了许久，最终还是离开了。

从这个故事可以看出，小夫妻俩有买家电的想法，可是最终却放弃了，这是因为促销员一个劲地介绍各种优惠，让他们产生了抵触情绪，害怕各种优惠后面，隐藏着巨大的陷阱。如果销售员不能够从根本上消除客户的顾虑，交易就很难成功。

在销售过程中怎样迅速有效地消除客户的顾虑，对销售员来说是十分有必要的。那么，导致客户产生担忧心理的因素有哪些呢？

◆ 曾经遭遇过欺骗

很多客户在销售员的主动介绍和推荐下，买了商品，结果使用效果非常不好，他们觉得花了冤枉钱。所以当客户再次看到销售人员的时候，心存芥蒂，尤其是一些上门推销的销售人员，更是不受欢迎的人。再加上一些人冒充销售人员兜售各种伪劣商品，让客户吃了不少的苦，他们又没有时间和精力去辨别销售人员的真假，于是在潜意识中就有些排斥销售人员。

◆ 有些商家促销做得过了头

很多商家为了促销，原价5000元钱的商品，几天之内，就成了500元钱。买了的客户大叫上当，没有买的客户暗自庆幸。这种促销会给客户一个信息：这种产品可能就值这么多钱，不然怎么会降这么多呢？客户不但需要质量好的产品，同时还要觉得自己的钱花得值得。

聪明的销售员都知道，如果不能够从根本上消除客户的顾虑，交易就很难成功。那么如何才能消除顾客的顾虑呢？具体可以从以下几个方面入手。

首先，把你所销售的产品的不足之处说出来。

任何产品都有不足之处，把你所销售的产品的不足之处说出来，客户会对你产生信任感，觉得你没有隐瞒产品的缺点，是个诚实的人，这样也就为进一步交流做好了铺垫。同时，你主动承认商品有不足之处，可以避免和客户争吵，你销售的目的是让客户买你的产品，你和客户一争吵，连最初的好感都没有了，客户怎么可能购买你的产品呢？

其次，要和客户建立感情。

要和客户建立感情。和客户交流的时候，多谈一些客户迫切想知道的问题，从为客户服务的角度出发，而不是一个劲地追着吵着让客户购买。如果客户有所顾虑，甚至决定不买的时候，也要真诚地对待，说不定客户因为你的真诚而打消顾虑，走了之后马上就会回来。

再次，对客户的热情要适度。

在客户表现出对产品感兴趣的时候，要热情，但是不能热情过度。销售员过度的热情，会让客户倍感压力，因为客户感兴趣的往往不是你推荐的，你越是推荐，客户越是警惕。所以，作为一名销售员，不要一心想着把商品卖出去，而是要想着如何让客户开开心心地把你的商品买回去。要让客户觉得你很了解他，把他想解决的问题给解决了，他的疑虑就会减少。

从众心理，影响客户的购买意愿

这天，阿旺来到一条繁华的街道，看到前面排了长长的队，以为前面有什么好东西，就跟着排了上去。排了整整半个小时，前面排着的人一动不动，阿旺非常着急，问排在前面的那个人说：“排这么长的队，前面究竟在做什么？”

那人说：“我也不知道，我看这里排着队，我就排上了，没准能赶上什么好事呢。”

阿旺又问后面的人说：“前面在做什么呢？”

后面的人回答说：“我不知道啊。”

这时候，排队的人你望望我，我望望你，非常尴尬。

阿旺直接挤到前面问个究竟。第一个人正在聚精会神地挑荔枝，看到阿旺迷茫的眼神后，笑着说：“难道你看不出来吗？我在买荔枝啊，你要是也想买，得排队去。”

从这个故事中可以看出，阿旺和那些排队的人正是因为从众心理，才盲目地跟着排队。因为当他们看到这个场景的时候，第一个念头就是：那么多人围着一种商品，一定有利可图。但事实上，这些人中真正有明确购买意图的没有几个，人们不过是在相互影响，大家认为对的，肯定就错不了。销售人员在进行销售时，可以利用客户的从众心理来营造氛围，通过影响人群中的部分人，来达到影响整个人群的目的。

在销售中，销售人员可以利用这种从众心理促成交易，那么如何才能更好地利用客户的这种从众心理呢？

◆ 所举的案例必须实事求是

在利用从众心理引导客户的时候，所举的案例必须真实，既不能编造一些莫须有的客户，也不能夸大客户的购买数量。如果销售人员所举的案例不真实，就有可能被揭穿，客户会产生被欺骗和被愚弄的感觉，不但失去了合作的机会，还严重影响了客户对销售人员以及公司的印象，而且这种极坏的影响还会波及其他的客户。所以，销售人员给客户举的案例一定要真实。

◆ 所举的案例尽量是一些有影响力的大客户

虽然客户有很强的从众心理，但是销售员所举的案例必须是一些有影响力的大客户。如果只是一些普通的消费者，那么客户通常是不会出现从众行为的，毕竟对方的身份和地位不足以说明问题。所以，销售人员面对客户犹豫不决的时候，要适当地举一些大客户的案例来促成合作。

需要说明的是，利用客户从众心理的确可以提高推销成功的概率，但是也要讲究职业道德，不能拉帮结伙地欺骗客户，否则会适得其反。

了解客户的逆反心理，事半功倍

张老师的车已经用了很多年，经常发生各种各样的故障，所以，张老师打算买一辆新车。这个消息无意中被某汽车销售公司得知，于是很多的汽车销售人员来找他，向他推销汽车。

销售人员陆续找到张老师，无一例外地向他介绍自己公司的轿车性能多么好，多么适合张老师这样有身份的人使用，有的销售人员甚至还刺激他说："张老师，这么破的车还开，为啥不买一辆新的呢？你似乎也不是没钱嘛！"听到这样的话，张老师心里非常反感和不悦。

这天，又有一名销售人员上门推销，张老师想，不管他说什么，我就是不买。但是，这位销售人员并没有像之前来的销售人员那样滔滔不绝地讲个不停，而是真诚地说："实话说，我觉得你的车还能将就一阵子，我还是过一段时间再来吧，等到你的车实在不能用了再换。"说完，给张老师留下一张名片就走了。

这完全在张老师的意料之外，所有的销售人员都是一个劲地鼓动他买车，而这个年轻人却劝他暂时不要买车，这让张老师的心理防线不攻自破。最后，张老师还是决定买一辆新车，于是他拨通了这个年轻人的电话，向他订了一辆新车。

从这个故事中可以看出，这个年轻人正是用了逆向思维、欲擒故纵的方法，成功地将汽车推销给了张老师。年轻人并没有向张老师说太多推销的话，而是给对方紧绷的神经一个出其不意的刺激，结果成功地说服了这个客户。客户一般都会对登门推销的销售人员抱有警戒心理，销售人员把自己的产品说得越好，客户越觉得是假的；销售人员越是热情，客户越是觉得他虚情假意，只是为了骗自己的钱而已。

每个人都有本能的防范心理，反映在我们拜访客户的过程中，客户会本能地对抗你，你说好，他偏说不好，有时候让销售员不知所措，一头雾水，那么造成这种逆反心理的因素有哪些呢？总的看来，有以下四个方面。

第一，逆反心理是人类的本能抵抗意识，并非别人故意为难你，但是如果你不能正确地认识和对待，势必会让你跟客户势不两立，不但无法达成交易，还会给客户留下极坏的印象。

第二，逆反心理往往跟表现欲望有关，如果客户反对你的意见，表明他比你的见解高一等，如果赞同你的意见，自己沦为你的“跟屁虫”，试想哪个客户愿意承认自己比你笨，比你差呢？

第三，逆反心理并不是只有儿童、年轻人才会有，不同年龄、不同性别、不同社会地位的人都会有。父母常常抱怨小孩子逆反心理很重，但是在小孩看来，父母的逆反心理一样让他们很头疼。

第四，逆反心理并不是在遇到压制的时候才会有，在任何场合都有可能出现。

逆反心理是一种本能的抵抗，没有恶意，所以，在销售过程中，当你的客户表现出逆反心理时，一定要妥善处理，否则会使客户的逆反心理更严重。那么，作为一名销售人员，如何处理客户的逆反心理，并引导其与自己合作呢？

◆ 不要过多陈述，要用提问题的方式引导客户表达

在和客户的交流中，过多的陈述容易引起客户的逆反心理，人总喜欢让别人听自己说，你压制了客户的这种表达欲望，让客户心里非常不满。当你陈述的时候，对方会抓住你的观点反驳你。所以，在和客户交谈的时候，不要说个没完没了，要用提问的方式引导客户表达自己的想法和意见。

◆ 激起客户的好奇心，能在一定程度上抵制逆反心理

在和客户的沟通中，如果你觉得话不投机，对方处处在跟你抬杠，那么一定要及时想办法激起对方的好奇心，对方对你的产品有了好奇心，也就有了兴趣，有了兴趣，自然愿意多了解。当客户愿意多了解你的产品的时候，就不会再有逆反心理，因为客户不可能一边要求你的帮助，一边又把你推开。

第8章　情绪引导，激发客户的消费热情

人是有情感的，会受情绪的影响，好的情绪能调动客户的积极性，坏的情绪，会让客户消极怠慢，而且人的情绪会传染。销售员要积极引导和激发客户的积极情绪，让客户的消费热情高涨。当然作为销售员，自己要有积极阳光的心态。事实上，客户在购买商品的同时，还希望自己能购买到一份好的心情。

愉快的交易，比利润更重要

小段是某电脑公司的店面销售。这天，来了一对即将结婚的情侣，打算为新家购置电脑。

当对方一前一后走进店里的时候，小段热情地迎了上去，打招呼：“您好，欢迎光临。”

谁知，对方阴着脸，对小段的热情招呼根本没理会。小段马上意识到客户的情绪不好。所以她说话小心翼翼，唯恐自己一不小心，惹恼了客户。

男士在店里面转了转，问了问各种电脑的价钱，最后在一款最便宜的电脑前站住了脚，也没有细问，示意小段开票。这时候一直默默无声的女士生气地说：“要么买好的，要么就不买，你买个破烂玩意儿糊弄谁啊？”

男士怒吼道：“我没那么多的钱，买这款已经是够给你面子了。还想怎么样啊？……”

就这样，这对情侣在店里吵了起来，小段站在一旁不知所措。

最后，男士硬是把最便宜的这款电脑给买了。女士气呼呼地摔门走了。

没过三天，男士又将电脑拿了回来，说要换一款。这让小段非常为

难，他跟男士沟通半天没有结果，最后只好叫来经理，对方又添了一部分钱，换了一款中等档次的电脑。

谁知，又过了一天，这对情侣吵闹着又将电脑拿了回来，想要换一款最高档的。这一次，小段无论如何也不答应对方的要求，最后跟他们吵了起来，结果不欢而散。小段为此被经理狠狠地批评了一顿。

从上面这个故事中我们了解到，有时候客户购买产品的动机和情绪很不稳定，这时客户买了产品之后，仅仅为企业创造了单次交易的利润，但带来了更多的问题。比如，客户不断找碴影响企业的市场口碑，给销售员带来很大的麻烦。由此可见，客户有份好心情，比有实际利润更重要。

每个人都有喜怒哀乐，客户也不例外。当客户情绪不好的时候，销售员就要注意了，一定要适当地调动客户的情绪，让客户在心情舒畅的情况下完成消费。那么作为一名销售员，在这种情况下，应该如何做呢？

◆ 销售员调动了客户的情绪，合作皆大欢喜

在销售过程中，销售员通过不断地沟通，将客户的情绪慢慢调动起来。那么客户会觉得销售员是值得信赖的朋友，进而满心欢喜地达成合作，完成消费。这样的情况下，客户在此后的日子里，还会持续不断地消费，在为企业创造了一次利润之后，还会为企业创造更多的利润。事实上，这样的销售结果是销售员和客户之间的最佳合作关系。所以，销售人员不但是商品的销售者，也是客户最信赖的服务者。客户得到的不仅是商品，更重要的是一份好心情。所以，销售员在与客户的沟通中，不仅要向客户介绍商品，更要主动调动客户的积极情绪。

◆ 销售员没有及时调动客户的情绪，勉强合作

有很多销售员觉得自己是商品的销售者，不是客户情绪的调解者，所以在和客户沟通中只顾着给客户介绍商品，而不去理会客户糟糕的心情。这样销售的结果，往往是和客户达成了合作，但是客户却把这种坏情绪归

结到商品上，不是挑剔商品的质量不好，就是抱怨服务和价格，总之就是合作得不舒心，不高兴。而且，客户不高兴了就会不断地给销售员找茬，让销售员有处理不完的麻烦。事实上，销售员完成这样的销售，仅仅是为企业创造了一次的利润，却给企业带来了很多的麻烦，更糟糕的是会影响企业的销售口碑。

◆ 销售员和客户爆发口头冲突，客户拂袖而去

当客户带着情绪来合作的时候，恰巧销售员心情也不好。在沟通的过程中，说不上几句，销售员就会和客户吵起来，在这种情况下，不但达不成合作，还会给客户留下极坏的印象。在这个过程中，销售员不但没有给企业带来任何的利润，还严重地影响了企业的口碑，给以后的销售带来很大的阻力。在销售过程中，最忌讳的就是和客户爆发冲突。

客户心情好，利于达成交易

薛娜是某建材公司主要负责钢材业务的销售员，这天她去拜访一家建筑公司的总经理欣总。

当她看到欣总时，发现欣总的脸色非常难看。她本打算向欣总介绍公司的产品，此时却没有了主意。欣总阴着脸坐在一边，气氛非常尴尬。

薛娜立刻意识到，必须想办法解开欣总心里的疙瘩，要不然这次拜访就会以失败告终。于是她迅速想起了一个自己生活中的笑话，给欣总讲起来了。

慢慢地，欣总的脸色好了起来，和薛娜聊起来。原来欣总最近和妻子闹别扭了，每次一回家就是争吵，这让他的心情非常的糟糕。薛娜和欣总聊了很多关于爱情和婚姻的话题，自始至终，薛娜都没有提及合作的

事情。

聊天结束的时候，欣总非常开心，邀请薛娜一起吃了饭。

尽管这次没有合作，但是在这次拜访后的第三天，薛娜就接到了欣总的电话，让她过去签合同。

从上面的故事中我们了解到，销售员在与客户的合作中，有时候焦点并不是产品，而是心情。一份好的心情远比一次业务合作带来的利润要有价值得多。所以，销售员在拜访客户的时候，不要没完没了地谈合作，谈产品。当客户情绪不好的时候，拜访的焦点就变成疏导和安慰客户，只有客户心情好了，才会有圆满的合作。

客户在心情不好的时候，往往对商业合作没有多大的兴趣，这时候，客户需要的是安慰，而不是合作。所以，销售员要察言观色，要将自己的服务适当地由商业合作过渡到生活交流。那么，在客户心情不好的时候，销售员要如何去做呢?

◆ 不要着急推荐产品

当客户心情不好的时候，情绪很低，对销售员介绍和推荐的产品不会有太大的兴趣。客户没有兴趣，意味着销售员的拜访会失败，而且很有可能会让客户心烦，你没完没了地介绍产品，会让客户对你的印象大打折扣。如果一次合作不成，下次对方可能不会再见你。所以，销售员在拜访客户的时候，如果发现客户的情绪不对，就不要再介绍产品了，客户这时候不需要你的介绍，而是需要一个知心的朋友，能同他一起分担一些痛苦和烦恼。因此，作为一个销售员，更多时候是满足客户的需要，把客户真正需要的东西给客户。

◆ 不要急着对客户的坏情绪作反映

有时候，客户表现出焦灼、不安、痛苦、无助等坏情绪的时候，销售员要适当地保持沉默，给客户足够的时间，让对方能够有一个自我平息的过程。很多销售员在看到客户出现不良情绪的时候，急着安慰对方，替客户着急。结果不适当的安慰不但没有减轻客户内心的痛苦，反而引起了客户的反感。更有甚者，很多销售员在安慰客户的同时，引起了自己不良的情绪反应，结果可想而知。所以，当销售员发现你的客户出现坏情绪的时候，不妨给客户留一定的时间，让客户给坏情绪做一个适当的处理。一般情况下，客户都会很快从坏情绪中脱离出来，事实上只有客户脱离出来，才会和你交流，有交流才会解开心里的结。

◆ 要做一个聆听者，聆听是最好的关注

客户之所以心情不好，一定是遇到了什么烦心的事情，而又不能及时宣泄和倾诉。销售人员在拜访客户的时候，不妨做一个倾听者，让客户把内心的烦恼和痛苦全部讲出来，这样客户得以倾诉，内心深处就会轻松很多。销售员在这个过程中一定要认真倾听，适当地对客户表达出来的痛苦表示理解。切不可注意力不集中，或者是听到客户什么可笑的事情，而表现出发笑的动作，这样会给客户一种不受尊重的感觉，因为客户会觉得你在拿他的痛苦取乐，很容易引起客户的反感和愤怒。所以销售人员在倾听的时候一定要端正态度，从而赢得客户的尊重和信任。

◆ 找到客户积极情绪的因素，适当激发

客户在倾诉的时候，会时不时地流露出积极的情绪，比如，在为现在的某一件事情痛苦的同时，会为以前的类似事情感到骄傲。在谈到过去成就的时候，往往会很积极，所以，销售员在这个时候，要抓住机会，肯定客户的过去，鼓励客户坚强一些。销售员一定要学会审时度势，在适当的时候激发客户的雄心壮志。

保持微笑，以积极情绪感染客户

销售员王刚昨夜刚刚接到老家的电话，父亲病危，他心急如焚，情绪特别不稳定。一整夜没有睡。

早上王刚洗了把脸，想想今天要见的这个客户非常重要，努力了半年，对方才打算合作，今天是非常关键的一天。王刚尽量把父亲病危的事情放下。但是他越不想，父亲在脑子里的形象越加清晰。眼看着马上到和客户见面的时间了，王刚总是打不起精神，这让他非常难受。

或许是这半年来王刚付出了太多的努力吧。当他见到客户的一瞬间，他本能地迎了上去，热情地握住对方的手。由于王刚的不懈努力，再加上今天的卓越表现。双方的合同很快敲定了。

当王刚从会议室出来之后，立即买了回家的机票，火急火燎地往老家赶去。

从上面的故事可以了解到，销售员要尽量保持积极的心态。如果一个销售员连自己的情绪都控制不了，这会在客户的心里留下极坏的印象。所以，销售员在与客户见面的时候，要尽量把所有的烦恼和不开心丢掉，即使不开心也要装做快乐，让自己以积极的心态去面对客户。

谁都不愿意平白无故地忍受别人的坏情绪，客户更不愿意受销售员消极情绪的感染，所以，销售人员要积极地调整自己的情绪，别让自己的消极情绪影响客户，影响合作。那么，销售员怎样保持积极的心态呢？

◆ 忧虑的时候，想到最坏的情况

销售员平日里承受的压力大，往往会害怕做不出来业绩。因为没有业绩意味着自己将要被淘汰，对自己的未来忧虑，对业绩指标过高而忧虑。当出现忧虑的情绪后，销售员要想到最坏的情况，比如，干不出业绩就会被辞退，完不成指标会受到领导的批评等。事实上，你想开了也就没事了，丢了工作还可以再找，被领导批评，也只是严厉的指责。当你想明白这些问题的时候，就不会有太多的顾虑。当你丢掉顾虑放开手脚去做的时候，事情往往会有转机。所以，销售员在忧虑的时候，要看透得失，不要太注重结果，只要自己努力了，那么结果怎么样也不是你能左右的。

◆ 烦恼的时候，要懂得自我安慰

生活中，每个人都会遇到这样那样的问题。当你被问题本身所困扰的时候，就会感到烦恼。当你跳出问题，以一个旁观者的角度来看的时候，就会豁然开朗。所以，当你感到烦恼的时候，不妨自我安慰一下，只要不迷失自己，就要在自己选择的路上走下去。所以，当销售员有烦恼的时候，不妨和朋友多聊聊，有时候当局者迷，当自己陷进去的时候，也许其他人一眼就看明白了。

◆ 沮丧的时候，要学会引吭高歌

面对生活，每个人都会有扛不住的时候，沮丧也在所难免。面对沮丧，要及时遏制这种情绪的蔓延。不妨唱一首激昂愉快的歌曲，将自己压抑的情绪发泄出来，从而及时地激励自己。往往一些激昂的歌曲能让人的精神为之一振，销售员要通过这些歌曲来激发自己的斗志，让自己看到希望，让自己更加自信。客户更愿意看到一个斗志昂扬的销售员，而不愿意接见一个没有信心、说话唉声叹气的人。有时候人有连锁反应，所以，当情绪沮丧的时候，一定要将这种消极情绪扼杀在摇篮中，切不可因为一时的沮丧而给自己带来更多的痛苦。

客户蛮不讲理，以礼貌的态度应对

在一家冷饮销售店里，一位客户对服务员大声喊道：“小姐，你过来，你看看你们店里提供的牛奶，怎么结块了，把我好好的一杯红茶都给糟蹋了。”

服务员一边微笑着赔礼，一边说：“真是太抱歉了，我立即给您重新换一杯。”

很快，服务员将一杯新的红茶端了上来，旁边放着新鲜的柠檬和牛奶，服务员轻轻地对客户说：“先生，我能不能建议您，如果您打算放柠檬的话，就不要放牛奶，因为柠檬酸会造成牛奶结块。”

客户的脸一下子红了，迅速地喝完茶就走了。

这时候，旁边的服务员说：“明明是客户的问题，你为什么不直接说呢？”

服务员笑着说：“正因为是他的错，所以我才会委婉一些。”

从上面的故事中可以了解到，有些时候，客户因为不了解情况，才把自己的错误强加到销售人员的头上。在这种情况下，销售人员千万不要用他人的过失来惩罚自己。一定要用合适的方式提醒客户，让他明白过错在自己，这样，客户的埋怨和不满就会不攻自破。

在销售过程中，并不是所有的过失都是销售员造成的。应该说很大一部分是客户的原因，但是如果销售员处理不当，就会造成无法挽回的损失。那么，面对客户的无理取闹，销售员究竟该如何应对呢?

◆ 态度和蔼，不要和对方发生争执

当客户无理取闹的时候，销售员一定要保持和善的态度，即使是对方的问题，也不要和客户发生争执。但是在具体的销售中，销售员如果发现是自己的问题的时候，面对客户的指责，都会一个劲地赔礼道歉。当发现是客户的问题的时候，便会反唇相讥，反过来指责客户。谁都会犯错误，对方之所以指责你，是因为你是专门负责销售的人，况且客户自认为花钱买产品，要买得物有所值，而你出现了问题，客户就觉得不应该。反过来，客户并不是专业人员，出现问题在所难免。如果这时候你反过来指责客户，不但给客户留下极坏的印象，还会影响以后的合作。试想，哪一位客户会选择一个对自己发脾气的销售员来合作呢？所以，在这种情况下，销售员一定要保持和蔼的态度，客户自己理亏，自然不好意思再指责你了。而且客户是因为自己的过失指责你，从而欠你一份人情，日后的合作自然是轻而易举的事情。

◆ 不妨适当地为客户的过失负责

一般的情况下，客户指责你是因为客户不懂而造成的误会。所以，作为一名销售人员，如果有可能，应该尽量满足客户的要求。尽管是对方的错，但是毕竟给对方造成了一定的损失。比如，销售员给客户发了一套汽车用品的设备，客户在安装的时候，丢了几个小螺丝，由于是套装，客户无法找到合适的，但是客户以为是销售员在发货的时候没有发过来。这时候，尽管是客户的问题，销售员也要帮助客户将小螺丝配全。事实上，这对销售员来说并不是什么难事，但是对客户来说就是大问题。所以，如果问题不大，销售员不妨为客户的过失负责，帮助客户将损失减到最小。

◆ 礼貌地提醒客户，让对方意识到自己的过失

销售人员帮助客户承担过失之后，一定要以委婉的方式示意客户，是对方的原因造成的问题。如果你不说，客户永远不知道，时间久了，就会习惯性地认为是销售员的问题了。但是，告诉对方的时候一定要委婉一些，不要直接指出是对方的过错。一般情况下，被人否定心理上都会有压力，况且客户还为此而指责了你，你如果不留情面地直接指出来，会让客户下不了台，客户不但不会感激你的帮助，还会强词夺理，绝不承认是自己的问题。那么，销售人员不但卖力不讨好，还会因此而得罪客户，进而导致合作失败。所以销售人员在提醒客户的时候，一定要注意方式方法。

保持好心情，调动客户的热情

在一条街上，相隔不远的两个地方相继开了两家商店。早开的那家商店装修得非常豪华，店里的服务员穿着统一的服装，所有的商品都放得井然有序，地板也擦得很干净，一尘不染。而后开的那家商店与之前那家相比，货物摆放得有些杂乱，店内的服务员也没有统一的服装。可是后开的这家商店生意却非常红火，而先开的那家商店的生意却非常冷清。

这是因为，后开的那家商店的店主和销售员每天都非常开心，总是喜欢和前来买商品的客户聊两句，偶尔还开开玩笑，大家觉得在这家店消费非常轻松，非常开心，所以大家都愿意来这里消费。

从上面的故事中我们可以了解到，销售人员的快乐会传递给客户，客户也会快乐。在一定程度上，客户的快乐受销售员的影响，快乐的心情能带来快乐的销售。所以，销售人员要想让客户快乐，自己首先得快乐起来。

客户不但需要商品，更需要购买商品时的快乐，销售员一定要开心快乐，只有这样，客户才能在合作中感受到那份开心。那么，销售人员如何才能做到快乐销售呢?

◆ 用快乐去影响每一位客户

快乐会相互传染。就如同照镜子，你对着镜子笑，镜子里的你也会对着你笑，你对着镜子哭，镜子里的你也会对着你哭。在销售中，销售员要把客户当成自己的一面镜子，把自己的快乐传递给客户。你把快乐传递给客户，反过来客户也会把快乐传递给你。这样一来，销售人员和客户的关系自然会不断地变好。销售人员不要只把客户当作买卖产品的生意人，而要把客户当作分享快乐的朋友。客户在和你的接触中，感受到了你的快乐，自然愿意与你合作，而且还会成为你的忠实客户。如果销售员把快乐分享给每一位客户，那么根本不用发愁客户不与你合作。所以，销售人员要学会把你的快乐传递给你的每一位客户，当客户收到你的快乐，并把他们的快乐反传给你的时候，你就会变成世界上最快乐的人，你会发现做销售是世界上最快乐的职业。

◆ 用快乐心态迎接每一次挑战

如果你快乐，即使再大的挑战都会变得渺小，你都能轻而易举地克服，如果你不快乐，再小的压力也会变得很大，让你无比畏惧，无法跨越。销售员要快乐地去迎接生活和工作带来的压力和挑战。当你以一种享受快乐的心态去迎接挑战的时候，你就不会因此而烦恼了。

◆ 怀着一份为客户解决问题的心态去拜访客户

在任何时候，销售员都要告诉自己，你是客户的服务者，你要为客户解决问题。你在想方设法地帮助你的客户，事实上帮助别人本身就是一件非常快乐的事情。你因为帮助了客户，会体会到发自内心的愉悦。客户得到了你的帮助，自然也会非常开心。在这种帮助别人的过程中，传递着一份真情，一份感动。因为这种快乐的传递让销售员实现了自我价值，在满足精神需求的同时，得到了物质的满足。而对于客户来说，在满足生活需求的同时，满足了心理诉求。所以，销售员抱着为客户服务的心理，抱着真诚地帮助别人的心理去拜访客户的时候，才会把服务当作一种享受，才会真正获得工作的快乐。

第9章 耳朵心理，要说一些客户想听的话

客户的心理期望得不到满足，就会心情不悦，继而放弃合作。这对于负责商品销售的销售员来说，是个绝对的失败。为了避免这种情况的出现，销售员要懂得揣摩客户的心理，懂得赞美客户，让客户的虚荣心得到最大限度的满足。而且还要尽量顺从客户，不要激起客户的逆反心理，让客户在消费的过程中，尽量满足自己的心理期待。对于销售员来说，除了恭维客户、迎合客户之外，有时候还需要保持适当的沉默。

自己人效应，让客户真正成为“自己人”

有一天，一位非常帅气的小伙子来到了商场，在专卖店的门口看到了一套休闲服很适合自己，但是又嫌价格贵，所以总是拿着比了又比。旁边的销售员是一位会察言观色的人，她见小伙子有一些犹豫，于是走过去跟他聊了起来。

“我越看越眼熟，你长得真像周星驰，想必一定是个非常幽默的人吧。”

“你说的星爷，正是我的偶像。”

“真的还是假的啊？我也是星爷的粉丝，星爷拍的电影真是太经典了。”

“是啊，我也超喜欢星爷的电影，尤其是那部《功夫》真是精彩绝伦啊。”

“不会吧，我也超喜欢《功夫》，真是英雄所见略同啊。”

“哈哈，看来咱们还挺有缘分的。”

“怪不得你能看中这套衣服了，这套衣服和星爷首映式上穿的那件风格非常相似。”

“真的啊？那我可真是太有福气了。”

……

后来，销售员不但卖掉了这件休闲服，还给客户介绍了一条迷你休闲裤。理由非常简单，是因为周星驰曾经这么穿过。

从上面的故事中可以了解到，客户都喜欢和自己相似的人。因为和自己相似，在心理上就会觉得找着了知己，是自己人。基本上每个人对自己都很肯定和认可，如果对方和自己相似，无形之中符合了自己的心理需求，那么，彼此之间就会有一份亲近感。销售员在和客户的沟通中要多找一些相似之处，这样能迅速地拉近和客户的心理距离。

◆ 在谈话中询问，寻找相似点

销售员第一次见到客户的时候，彼此都是非常陌生的，这时候沟通可以加强对彼此的了解。在沟通中，销售员要有意识地去询问对方的基本信息，在询问中寻找和客户的相似点。比如，对方的家乡、家庭等，在这些基本的信息内，往往蕴藏着很多相似点。一般情况下，客户不会拒绝销售员的询问，都会如实相告。销售员要利用这个机会，尽可能多地掌握客户的信息。了解得越多，寻找的相似点可能就会越多。

◆ 从穿着上观察，发现相似点

一个人的穿着往往能体现他对生活的态度。比如，喜欢赶时髦的人就会穿得时尚一些，性格积极开朗的人会穿得鲜艳一些。所以，销售人员在和客户的接触中，要从对方的穿着上发现彼此的相似点。比如，一个前来购买电脑的男生，穿着非常休闲，而且总是戴着耳机。如果你也有这个习惯，那么这就是你们的相似点。销售员可以询问对方的耳机是什么牌子的，甚至可以谈一谈戴着耳机一边听音乐，一边工作的惬意。对方有这个爱好，自然愿意和销售员探讨。

◆ 从行为上留意，捕捉相似点

生活中的很多人，都会有相似的行为习惯。销售员在和客户的接触中，要细心观察客户的行为动作，这些行为都可能成为销售员和客户的相似点。所以，销售员要从客户的举手投足间及时捕捉相似点。

◆ 从爱好上着手，创造相似点

尽管人与人之间有很多相似的东西，但是有时候一时半会儿又找不到，这时候该怎么办呢？销售员不妨从对方的喜好上着手，创造一些相似点。比如，你得知对方总是喜欢穿衬衣，而不喜欢穿T恤，不妨告诉客户你也喜欢穿衬衣，当然这时候你要告诉客户穿衬衣的好处。只要能让客户感觉到你和他相似，那么合作就会容易得多。

鼓励客户多说，了解其心理需求

刘女士想给自己8岁的女儿购买书桌和书柜。这天她来到一家非常有名的家具销售店。刚一进门，一位销售员就热情地迎了上来，喋喋不休地介绍起本店家具多么多么好。

刘女士笑了笑，打断了销售员的话说："我对这些不是很重视，你能给我介绍一下这套家具的构造吗？"

销售员满脸堆笑地说："非常愿意为你效劳，这套家具的风格是欧洲复古式的，而且设计非常独特，非常适合像您这样高雅的人……"

刘女士不得不再次打断销售员的话："我对你说的这些不感兴趣，我所关心的是……"

还没等刘女士说完，销售员抢过话头说："我明白了，这套家具采用的是绝对上乘的木料，外面还涂上了保护层，我敢向您保证，使用寿命绝对在20年之上。”

刘女士再次打断销售员的话说：“对于这个，我相信你说的是真的，但是我想你误会我的意思了，我更关心……”

销售员又抢过话头说：“您不必担心……”

刘女士忍无可忍，说了声：“我不需要，谢谢你。”

从这个故事中可以了解到，客户在消费的过程中，需要销售员适当的帮助，但是销售员在帮助客户之前，一定要了解客户需要什么帮助。销售要以客户为中心，让客户满意才是硬道理。所以，在为客户服务过程中，销售员一定要给客户表达的机会，让客户把自己的需求说出来。只有这样，销售员才能提供恰当的服务，客户才能满意，合作才能进行。

销售是个为客户服务的过程，既然为客户服务，那么前提一定是了解客户的需求，如果销售员不了解客户的需求，眉毛胡子一把抓，乱介绍一通，不但解决不了客户的问题，还会导致客户厌烦。那么，销售员到底如何做才能真正了解客户的需求呢？

◆ 认真倾听客户的表述

在销售员和客户的接触当中，客户会将自己的需求表述出来。这时候，销售员要认真倾听客户的需要，帮助客户了解客户想知道的东西。切不可一开始就牢牢控制着话语权，不问对方究竟想了解什么，就理所当然地认为客户应该了解什么，紧接着便是不着边际的介绍。事实上，这时候，客户对销售员所说的一点兴趣也没有，而销售员又不给客户表达的机会，客户会非常着急，觉得没办法和销售员沟通。所以，销售员一定要给客户说话的机会，并且认真倾听客户的表达，当真正弄明白客户的问题之后，再采取相应的措施来帮助客户。在销售的过程中，销售员要明白，客户才是主角。

◆ 不要打断客户说话

在人与人沟通的时候，一般不要打断对方说的话，打断对方说话意味着对说话者有很大的意见，或者是不同意他的观点。对说话者来说是极端的不尊重。所以，销售员在和客户的沟通中，也不要轻易打断客户的表述，即使你不同意他的说法或者建议，也要等他说完之后再提出来。这样显得你对客户足够的尊重，即使客户和销售员没法达成一致，客户也不会厌恶销售员。所以，销售员要充分尊重客户，要让客户把自己的想法完整地表达出来。事实上，销售员只有完全了解了客户所表达的意思，才能提供更加完善的服务。

◆ 不要曲解客户的意思

有很多销售员在和客户的沟通中，把自己的想法和意志强加到客户的思想中，曲解了客户的意思，从而造成销售员和客户之间的误会。所以，销售员不要自以为是，理所当然地以自己的理解来解释客户的疑问。比如，客户来询问某个产品的性价比，而销售员却在一个劲地解说产品的质量多么好，功能多么全。更有甚者，一些销售员明明知道自己答非所问，却一直喋喋不休，目的是想要模糊客户的提问。这样一来，客户得不到想要了解的信息，自然对合作失去了兴趣。所以销售员在倾听客户的时候，如果有疑问的，不妨向客户询问，以求得客户的确认，这样，在很大程度上就会避免曲解，避免沟通不畅给双方带来的痛苦。

尊重客户的建议和意见

王兵是做汽车贴膜的销售员。

这天他去一家4S店推销汽车贴膜。店里的经理是一位40岁出头的中年男士，大家都叫他罗总。

罗总接见了王兵，见面之后，王兵按照惯例开始介绍自己所销售的贴膜。等王兵介绍完，罗总说："你们这种贴膜听起来效果非常好，就是不知道实际用起来怎么样，要不这样吧，你下次带一部分过来，我们贴在一辆车上，看一下效果。"

王兵笑了笑说："我们的产品质量是绝对有保障的，你完全可以放心使用。"

罗总点了点头说："还是试验一下吧，要是没有保障，我们跟客户没办法交代啊。"

王兵无奈地说："那您的意思是贴一辆车，还是贴一块玻璃啊？"

罗总："当然是贴一整辆车了，贴一块玻璃看不出效果。"

王兵："那要是贴一辆车的话，就要到我们店里去贴。"

罗总："难道你不能随身带着吗？"

王兵："我要四处去见客户，背着一兜子贴膜肯定不行。"

罗总："那你下次背来吧，看完效果后我们再考虑合作的事。"

王兵："罗总，你这不是成心为难我吗？"

罗总："我怎么成心为难你了？"

就这样，王兵和罗总争吵了起来，最终不欢而散。

从这个故事中可以了解到，有时候客户提的要求看起来有点过分，但是从客户的角度来看，也是可以理解的。在这种情况下，销售员千万不要和客户发生争执。客户这次提过分的要求，下一次当你再来的时候，结果或许会大不一样。但是只要你和客户已发生争执，那么无形之中就是将你和客户接触的门堵上了。

不要否定客户的建议和意见，即使这些建议和意见很过分，无法让人理解。这时候，销售员不是急着和客户争辩，而是弄明白客户为什么会有这样的要求。客户有提意见的权力，作为销售员有接受或者不接受的权力。那么，销售员到底如何妥善处理客户的意见呢?

◆ 对于反对意见，一定要用诚恳的态度来倾听

在销售的过程中，客户对销售员所提供的产品和服务永远不会绝对满意，有抱怨、有想法是很正常的事情。有些客户就会给销售员提一些反对的意见，对于这种情况，销售员一定要认真地倾听，在态度上表现得足够真诚，给客户一种受到足够重视的感觉。至于公司受理不受理客户的意见，那不是销售员能决定的事情，实际上客户也明白，提意见只是表达情绪的一种方式，并不能真正地解决问题。所以，对于销售员来说，认真倾听客户的意见是唯一能做的，端正的态度就是给客户最好的回馈。

◆ 对于批评意见，一定要谦虚地接受

销售员在和客户的接触当中，难免有些事情处理得不够妥当，如果客户对你提出批评意见，那么销售员一定要谦虚地接受。事实上，客户对你提意见，是还想和你继续合作。如果客户对你不提意见，突然不与你合作了，销售员连问题出在哪里都不知道。所以，销售员对客户提的批评意见一定要以谦虚的态度来接受。客户提的批评意见一般都是销售员在工作中的纰漏和疏忽，这对于销售员的成长非常重要。对此，销售员一定要有非常深刻的认识，在以后的工作中要多注意一些。

◆ 对于建议，接受之后要真诚地表示感谢

对于和销售员接触最密切的客户来说，销售员的具体工作方式有时候并不符合客户的要求，所以，客户会在合适的时候给销售员提一些具有建设性的建议或意见。比如，有些事情怎么办更加合适，有些问题怎么处理更加妥帖。这些建议对于销售员的工作有巨大的帮助，而且销售员接受了客户的这些建议之后，会让客户有一种成就感，这种成就感往往能迅速地拉近客户和销售员的关系。所以，对于销售员来说，如果客户给你提建议

性的意见，一定要真诚地接受，并且对客户表示由衷的感谢。客户在向你提意见的同时，也传达给你一种信息，那就是想要和你交朋友，想要和你长久地合作。

多说“我们”，让客户感受到亲切

小董是某大型超市的电器销售员，主要负责音响等声讯设备的销售。

这天中午，来了一位30岁出头的年轻女士，怒气冲冲地吼道：“你卖的这是什么破玩意儿，我上个月刚买了一套4000多元钱的音响，没听几次，声音就沙哑了，啥也听不成了。你说吧！这事怎么处理。”

小董立即意识到可能是产品的质量出了问题。于是他微笑着说：“事实上，我们都是受害者，作为产品的销售人员，我不可能把有问题的商品卖给你。你先别着急，把音响拿来，并带上相关单据，我们与生产厂家协调一下。”

这位女士听后，不再发脾气了，立即回去取音响。最后，在小董的帮助下，这位女士换了一套全新的高质量音响。

从上面的故事中我们可以了解到，销售员多说“我们”，少说“我”，无形之中就拉近了与客户的心理距离，让客户觉得亲切。而这正是客户与销售员合作过程中最期盼的状态。所以，当销售员和客户之间发生矛盾时，销售员一定要多说“我们”，少说“我”。

“我们”和“我”虽然只有一字之差，但是能让客户产生两种不同的感受。作为销售员，一定要运用好这个词语，让客户在合作过程中更加坦诚，对销售员更加信任。那么，多说“我们”这个词会给客户怎样的感受呢？

◆ 表示对客户非常尊重

销售员讲“我们”时，表明自己在关注着对方，是站在客户和销售员双方的立场上看问题的。这样，客户会为你的行为所感动，愿意与你长久合作。每个人都希望赢得他人的重视，都希望他人围着自己转，因此，销售员在与客户的接触中，要多说“我们”，少说“我”，让客户觉得你是在围绕着他转，你在真心实意地关注他。

◆ 表示很强的交往欲望

“我们”代表两个，或者两个以上的人，而“我”只代表一个人。所以，当你说“我们”的时候，表达的是一个群体，而说“我”的时候，表达的是一个人。同样的，当销售员说“我们”的时候，客户觉得销售员话语中包含了自己，是在关注着自己。既然销售员把想与自己合作的欲望表达出来了，客户自然愿意与其接触、交往与合作。反之，会让客户觉得你在炫耀自己，表达一种拒绝合作的态度，客户自然不愿意接近你了。所以，销售员在与客户接触时，多说“我们”，少说“我”，表达积极合作的态度，让客户愿意接近你，进而促成交易。

第10章 心理策略，引导客户做出利己的决定

客户在消费中会有各种各样的情绪和想法，作为销售员，需要一些技巧来影响客户的心理，比如：引导客户说“是”；重复信息，加深客户印象；刺激客户的机遇心理；激发客户的购买欲望；等等。让客户在销售员的引导下，完成消费。

肯定心理，引导客户作出肯定回答

小王是一名保险推销员，这天他又去拜访一位非常重要的客户。据说，之前去的销售员不下十个了，可是没有一个人拿下这笔交易。

见到客户之后，小王并没有马上向客户介绍保险，而是微笑着对客户说：“今天的天气真不错，阳光明媚，特适合外出游玩。”

客户笑了笑说：“是啊，真不错。”

紧接着，小王又说：“这个小区的绿化搞得真好，给人一种特别舒适的感觉。”

客户笑了笑说：“是啊，很舒服。”

“这几盆花真漂亮，是你种的吗？”

“是的，是我种的。”

“这只猫很名贵吧？”

“是的，我一个朋友从国外带回来的。”

这时候，小王顺便拿出保险的宣传册说：“我是保险公司的销售员，这是我们公司的宣传册，你看看。”

客户说：“噢，是吗？”

小王抓紧时机说："我是不是可以给你讲解一下呢？"

刘老师说："那好吧。"

就这样，小王顺理成章地拿下了这个单子。

从上面的故事中我们可以了解到，如果一个人一开始就说"是"，或者连续说几个"是"，那么在之后的回答中会有说"是"的倾向。所以，销售员在与客户的沟通当中，要一开始就选择一些意见一致的话题，让客户不停地说"是"，那么在意见不同的问题上，客户也会习惯性地说"是"。

一般来讲，相对于拒绝的心理倾向，客户接受的心理倾向会更强烈一些。但是，当客户说了"不"之后，无论从生理上，还是心理上都会处于一种抗拒的状态。所以，销售员能否在一开始就让客户说"是"，在很大程度上影响着合作的成败。那么，销售员究竟如何才能让客户一开始就说"是"呢？

◆ 问题设置要恰当

很多客户对销售员怀有很强的戒备心理。如果销售员贸然推销产品，势必遭到客户的拒绝，而一旦这种拒绝的念头形成，一般就很难再改变。所以，为了避免这种情况，在一开始接触客户的时候，销售员就要想方设法地引导客户说"是"，为客户营造一个肯定的心理状态。因此，问题的设置是关键，销售员在设置问题的时候，一定要问那些闭合式的问题，比如："今天的天气真热，是吧？"事实上已经给了客户答案。当然，问这种问题要有事实依据。除此之外，销售员还可以问客户一些没有异议的问题，这样一来，客户就会顺着销售员的思路走。

◆ 把握好问题间的联系和递进

为了能无形中俘获客户的心，销售员要用一系列的问题层层递进，慢慢地软化客户的心理防线。当然，这些问题之间一定要联系紧密、层层递进，这样，客户肯定了第一个问题，就不会否定第二个问题，因为如果否定第二个问题的话，就是否定了自己，人很难自我否定。比如，销售员问：“今天的天气真热啊，是吧？”客户回答说：“是的，实在是太热了。”销售员：“在这种天气下，外出如果不采取措施肯定会晒伤皮肤的。”客户：“是啊。”也许这位客户对销售员非常抵触，但是在不知不觉中被销售员引入了肯定的心理模式，而自己的心理防线也在一步步地瓦解。

◆ 表明身份的时机一定要成熟

当销售员引导客户进入自己的模式之后，要把握好时机向客户摊牌，把自己所代理的产品介绍给客户。当然这个时机一定要把握好。销售员在提问题的时候，要环环相扣，到最后一环的时候，客户基本上已经认可了销售员。此时，把自己的产品介绍给客户，因为客户一直是肯定的心理状态，所以他基本上不会拒绝销售员推销的产品。

信息轰炸，让客户记忆犹新

杨娜是某广告公司的销售员。一次，公司派她去拜访一位非常难缠的客户。

杨娜顺利地通过了保安和秘书，在总经理办公室见到了客户王经理。王经理对杨娜的态度非常冷淡。当杨娜介绍广告的时候，王经理只是冷笑了一声，继续低头忙自己的事情。杨娜被晾在一旁，没办法，只好很无奈地走了。

过了三天，杨娜又来到王经理的办公室，再次详细地介绍了一遍产品信息，对方依旧没有任何反应。但是，杨娜明显地感觉到对方态度上的微妙变化。临走时杨娜把一份广告合作的宣传册放在了王经理的办公桌上，王经理似乎并没有生气。

过了一个星期，杨娜再次走进王经理的办公室。王经理笑呵呵地和杨娜聊了一会，就借口离开了办公室，但是杨娜从王经理的态度上可以感觉出来，合作有很大的可能性。

当杨娜第四次走进王经理的办公室时，王经理被杨娜的诚意打动，开始和杨娜谈合作的事宜。就这样，杨娜做成了这笔生意。

从这个故事中我们可以了解到，一些重要信息重复的次数多了，就会给客户留下深刻的印象。同样，拜访客户的次数多了，客户会对销售员产生印象，彼此之间不陌生，合作也就可以慢慢展开了。

反复传递一个重要的信息，可以加深人们对这个信息的印象，甚至可以改变人们对这个信息的看法。所以，如果销售员不断地在客户面前重复某个产品的重要信息，可能最反对使用这个产品的客户也会成为这个产品的最终拥护者。

◆ 不厌其烦地多次拜访客户

即使客户没有与销售员合作，但是作为销售员一定要不厌其烦地多拜访客户几次。让客户一看到你，就会自然而然地想到你所推销的产品，当这个产品的信息在客户的脑子里出现的次数多了，再不愿意与销售员合作的客户也会对商品产生浓厚的兴趣。销售员推销某种产品，实际上就是代表着这个产品。关于销售员的一切都会烙上产品的烙印，当客户见到销售员的时候，就能清晰地看到销售员所推销的产品，当销售员的出现在客户的生活中成为一种习惯之后，客户一时见不到你，自然会想念你。这时候，合作也就是水到渠成的事情了。所以，作为一名销售员，要尽可能多地去拜访客户，不要怕麻烦客户，你的目的是合作，只要没有合作，你就有理由不厌其烦地拜访。

◆ 拜访客户的时候，对主要信息要多强调几遍

销售员在拜访客户的时候，一定要不断地重复产品的主要信息。当

客户第一次听到的时候觉得很陌生，第二次听到的时候有点耳熟，第三次听到的时候已经很熟悉了。让客户的耳边时时刻刻都响起销售员推销产品的声音。当然，销售员一定要以尊重客户为前提，切不可撒泼耍赖，给客户留下极坏的印象。当客户明确表示不愿意合作的时候，千万不要强迫对方，要给客户一个思考的时间。

◆ 每次联系的时候，要不断地重复产品的主要信息

销售员不可能每天围着一个客户转，当销售员拜访完客户之后，一定要及时联系和沟通，不要让客户觉得你早已经忘了他。在电话联系的时候，除了关心对方的生活状态以外，还要不断地重复产品的主要信息，以此来增加客户对于重要信息的印象。当然，和客户保持联系，除了打电话还可以发邮件，或者是用网络聊天工具等。一定要时常和客户保持联系，在联系的时候要将重要信息不断地重复，增加客户的印象。

制造“偶然”，引导客户积极消费

周末，黄莺拉着好朋友去逛街，当他们走进街边某个商场的时候，被里面的商家举办的“夏季派对”活动深深地吸引住了。据销售员说，在活动期间，所有的服装都是打八折的。看看平日里要好几百元才能买到的裙子，一下子便宜了这么多，这对黄莺来说是个不小的诱惑。

而且，销售员还告诉黄莺，今天是他们活动的最后一天，要是今天不买的话，可能就没有机会了。看着漂亮的裙子，黄莺暗自庆幸，幸亏今天来了，要不然，再买要多花不少钱呢。

从这个故事中可以了解到，客户对偶然遇到的优惠活动都会暗自庆幸，所以，销售员要多举办一些这样的活动，多给客户创造一些偶然的机

会。这样，客户心理上得到了满足，销售员提高了业绩，商家赚足了利润，可以说是皆大欢喜。所以，销售员一定要抓住客户的这种心理，促使客户积极地消费。

人人都想获得特权，客户也是一样。所以，很多商家故意设置很多特殊的消费权限，满足客户的这种心理。那么，销售员如何做才能利用偶遇心理调动客户的消费欲望呢？

◆ 强调活动的要求和准则

销售员为了促销，设置的偶然性活动，一定要强调参加活动的要求和准则。很多时候，客户想参加这样的活动，必须对活动要求有一定了解，所以，销售员在宣传的时候，一定要对客户讲明白参加活动的要求。比如，购买满1000元的客户可以免费抽奖，或者是60岁以上的老年消费者有资格获得商家免费提供的蛋糕等。尽管这样可能不会给客户带来多少实际的利益，但是只要是个机遇，人人都想抓住。在这个时候，销售员的帮助，对于客户来说就显得尤其重要，应该注意的是，销售员在讲解的时候，一定要讲解清楚要求和准则，在具体实施过程中，也要公正，以免与客户发生不必要的争执，给促销活动带来恶劣的影响。

◆ 强调活动为客户带来多少实惠

客户之所以积极地响应和参加活动，更主要的是活动能够给自己带来实惠。要么能获得免费的赠品，要么能打折购买，总之活动后面的利益诱惑是促使客户参加活动的最大诱因。所以，销售员在满足了客户想要获得偶然机遇的同时，更要满足客户想占便宜的心理。在劝导客户参加活动的时候，一定要明确地告诉客户其可能获得多少实实在在的优惠，能为客户省下多少钱。客户自然会算账，有这么好的便宜怎么能不占，更何况这样的机会不是谁都能碰到的。所以，销售员一定要抓住客户的这种心理，积极地诱导客户进行消费，在客户争先恐后地参加活动的同时，销售员的业绩也在突飞猛进地增长。

◆ 强调机遇的偶然性

销售员在和客户洽谈的时候一定要告诉客户，这样的机会不是每天都有，不是每个人都能碰到，诱导客户想到买不到产品后的后悔和惋惜，从而及时参加到这种促销活动中来。还有一些客户觉得这样的活动随时都有可能举行，或者是各个厂家都争先恐后地举行，所以对销售员的促销不以为然。遇到这样的客户，销售员就要想方设法地让客户丢掉原先的那种想法，必要的时候，对这样的客户冷淡一些，也许客户反而会主动参与到促销活动中来。销售员要紧抓客户的各种消费心理，诱导和促使他们进行合理的消费。

不购买建议法，利用客户逆反心理

王魁专门负责防盗门的销售业务。这天，他给客户打电话推销防盗门。

王魁："刘先生，你所在的欣华小区基本上一半的人家都安装了防盗门，据我所知，小区的犯罪率降低了11个百分点，我相信你对小区的安全一定也是很关注的。"

客户："是的，小区的安全关系着我们每个家庭的安全，我自然很关注。"

王魁："不知道你周围的人家有没有发生过盗窃事情呢？"

客户："好像去年王奶奶家丢失了两台笔记本电脑。"

王魁："两台笔记本电脑少说也值一万多元，真是一笔不小的损失呢。"

客户："是啊。"

王魁："那你应该装我们公司的防盗门啊，装了防盗门就可以避免这样的事情发生。"

客户：“但是我对你们的产品很陌生啊。”

王魁：“这样啊，那我过去给你做一个详细的介绍，你看是明天上午10点方便呢，还是后天下午3点合适呢？”

客户：“明天早上10点吧。”

王魁：“好的，那我们明天见。”

从上面的故事中，我们可以了解到，客户对不购买产品所产生的损失有很大的恐惧心理，没有人提及的时候，客户根本意识不到。当销售员将这样的损失联系到客户身上的时候，客户才真正觉得销售员推销的产品值得购买。所以，当客户表示没有购买需求而拒绝销售员时，销售员不妨适当地把不购买产品而带来的损失和客户联系起来，利用客户的恐惧心理，激发客户的消费需求。

把不购买产品带来的损失和客户的实际利益联系起来，可以在一定程度上激发客户的消费需求，促使客户与销售员合作。但是在具体的操作中，销售员该如何利用不购买的损失来促使客户消费呢？

◆ 最好举客户熟知的反面例子

一般情况下，当某件事情发生在自己身边的时候，人们才会感觉到此事与自己有关，这种近距离的冲击能给人带来真实感。所以，销售员在和客户沟通的时候，所举的例子应尽可能是客户熟知的事情，这样才能触动客户的神经，让客户产生恐惧心理。当然，客户并不全是销售员的熟客，有很多客户对销售员非常陌生，甚至是第一次见面，有些还没有见过面。那么如何才能知道客户身边到底有没有发生过值得客户关注的事呢？销售员可以通过询问的方式从客户嘴里了解信息。一般情况下，销售员问得合适，客户不会拒绝告诉你真实的情况，从客户的嘴里说出来的自然是客户关注的事情了。销售员恰当地应用这个事例说服客户，客户一般都会顺着销售员的思路走，既而离合作越来越近。

◆ 着重强调造成的损失和伤害

销售员利用反面例子说服客户消费的时候，一定要着重强调事情对当事人造成的损失和伤害。一般的反面事例都是从客户的嘴里说出来的，因此客户也最清楚事情对当事人造成的损失和伤害。所以，只要销售员一说，客户就会很敏感地把想要远离这种损失和伤害的情绪透露给销售员，这时候是销售员进行说服的最佳时期。因为这时候，客户有了购买和合作的理由，那就是不想受到损失和伤害。实际上，销售员在提及伤害和痛苦的时候，是对客户进行了精神上的恐吓，尽管销售员并没有在言语上直接表达，但是客户却真真实实地感受到了。所以，为了避免一切不好事情的发生，客户只有和销售员合作。

◆ 注意沟通的方式，不要和客户发生对抗

有些销售员性子急，在和客户的沟通中，不注意说话的方式，在用反面例子来说服客户的时候，和客户产生了对抗情绪，从而导致说服失败。所以，销售员在用反面例子说服客户的时候，一定要注意说话的用词和语气。既然对方告诉你身边的事情，那么一定是想和你沟通，这个时候，销售员要态度诚恳一些，让客户觉得你是实实在在地为他考虑，为他担心，切忌用教训人的口气对客户进行质问。

挖掘消费契机，了解客户消费需求

王洪想买一个带钟表功能的收音机。这天，他来到商场的电器专柜。

销售员见到客户，走上前来，热情地招呼说：“你好，先生，您需要点什么？”

王洪：“你们这里有带钟表的收音机吗？”

销售员微笑着说："请跟我来。问您个问题可以吗？"售货员谨慎地问。

"当然可以了，你问吧。"

"怎么想买一个带钟表的收音机呢。"

"我刚搬到这边来住，房子里空荡荡的，由于是一个人住，早上总是无法按时起床。"

销售员笑着说："这倒是，有个钟表能按时叫你起床。"

说话间，销售员已经带着王洪到了卖收音机的柜台。王洪经过认真挑选，选了自己喜欢的一款。这时候销售员说："你平时一个人住，一定很孤单，我们这里有最新款的液晶电视，而且价位也不高，你为什么不顺便看一下呢？"

王洪点了点头，说："是个好主意。"随后王洪跟着销售员去了电视专区，销售员顺便给王洪介绍了微波炉、加湿器等商品。

最后，在王洪离开的时候，除了买了带钟表的收音机之外，还购买了一台液晶电视，一部无线电话。

从上面的故事中可以了解到，客户之所以没有购买的欲望，是因为没有意识到自己需要这件商品。这时候，销售员所做的就是启发和引导客户了解自己的真正需求。当客户明白了自己的需求之后，自然就会考虑购买。

帮助客户了解自己的消费需求是销售员启发和诱导客户消费的关键。那么，在平时的销售当中，销售员如何从客户的一个需求中挖掘出更多的需求呢?

◆ 告诉客户量大优惠

客户在购买了一件商品之后，销售员一定要告诉客户，如果购买其他商品，会在价格上有一定的优惠，打折和其他优惠在购买单一产品的时候却享受不到，客户自然不会吃这个亏。如果客户潜意识里有购买的欲望，往往会被打动。所以，销售员要在客户购买了产品之后，及时地探知客户的其他需求。

◆ 建议购买相关的产品

往往客户购买了一件商品，要想让商品发挥出相应的功能，还需要配套的产品。比如，客户在购买了电视之后，还需要购买天线才能正常收看。所以，销售员要在客户买了商品之后，及时推荐相关的产品。一般情况下，客户购买的可能性很大。所以，客户的需求是销售员开发出来的。

◆ 建议购买保护商品的产品

客户购买了商品，自然希望能经久耐用。所以，这时候，销售员如果能把商品的相关防护产品也推荐给客户，那么，往往会得到客户的青睐，因为客户不希望自己的东西受到损坏，希望能保护好。销售员要抓住客户的这种心理，给客户推荐合适的产品，从而给客户留下服务周到的好印象，为下一次合作打下基础。

◆ 建议购买最新的产品

当公司有新产品的时候，销售员在与客户合作的过程中，不妨抓住时机向客户推荐新产品。由于客户以往和公司有很好的合作关系，彼此信任，接受新产品也比较容易。新产品能更好地满足客户的需要，所以客户一定会考虑的。客户是否夸大自己的消费欲望，往往与销售员是否推荐得当有很大的关系。

◆ 建议购买高档的产品

一般在经济能力强的情况下，客户都喜欢购买质量好的产品，所以销售人员在和客户合作的过程中，要仔细揣摩和探知客户的经济实力，如果对方的经济实力强，要不失时机地向客户推荐高档的产品。这样，客户会觉得消费得上档次，商家也能获得足够的利润，而且还会给客户留下好印象，认可公司和商家的销售能力，从而为下一次合作打下基础。

第11章　激发需求，摸准客户真实的潜在心理

很多时候，客户购买商品并不是计划好的，而是临时决定的。客户之所以能够即兴决定购买，与销售员的合理引导有很大的关系。如何将客户隐藏的消费需求及热情调动起来，需要销售员下一番功夫，还需要掌握一定的技巧。比如，想方设法让客户依赖你、用悬念抓住客户的注意力等。

故作姿态，勾起客户的好奇心

王姬是某餐具企业的销售员，她想把企业的餐具卖给某个大型的百货商场。尽管她做了很多的努力，但是最终还是被百货公司的经理拒绝了。后来她经过调查发现，百货公司的经理打算向另外一家餐具企业进货，不要王姬所在企业的货了。

但是，王姬不想就这么输给对方。这天早上，她早早地等在总经理的办公室门前，见到总经理后，王姬直截了当地说："我就需要10分钟的时间，希望你能满足我。"

王姬的话引起了总经理的兴趣，她走进总经理的办公室之后，立即从包里取出来一套最新研究设计的餐具，希望总经理能给这套餐具报一个合适的价格。在王姬的真诚邀请下，总经理报上了自己的价格，而王姬对总经理报上的价格进行了详细的分析和讲解。

讲完之后，王姬看了一下表，差不多10分钟了，于是她收拾好餐具准备要走。这时候，总经理叫住她，说想看看王姬带的其他餐具。最后，这位总经理在王姬那里按照自己的报价定了一批餐具。

从上面的故事中我们可以了解到，有时候客户需要销售员去吊胃口。

当客户因为价格或者其他原因犹豫不决的时候，销售员要适当地以退为进。当客户被销售员所推销的产品深深地吸引住的时候，自然会挽留销售员，当客户挽留销售员的时候，是销售员达成合作的最佳时机。所以，销售员要用欲擒故纵的策略促使犹豫不决的客户最终跟自己合作。

市场竞争激烈，很多客户的态度犹犹豫豫，无法决定最终是跟A还是跟B合作。这时候，就需要销售员使用技巧，把客户成功地抢过来。在具体的销售中，销售员该怎么做呢？

◆ 要摸清楚客户的真实意图

销售员在准备以退为进的时候，一定要摸清楚客户的真实意图。如果客户对你的产品兴趣不大，或者是根本没有兴趣，那么千万不要用这种欲擒故纵的策略，否则会弄巧成拙，连以后的合作都没有办法正常进行。所以，在用这种策略之前，一定要确定客户对你的产品是否有浓厚的兴趣。

◆ 要懂得适可而止，不可过分

事实上，欲擒故纵无非是想要让客户挽留你，与你合作。所以，销售员应用这种策略的时候，一定要适可而止，见好就收。一般情况下，客户的兴趣被吊起来之后，客户都会挽留销售员。这时候，如果客户决定购买，你就要回头，事实上，客户的挽留已经是一种妥协，销售员要借此机会和客户达成合作，切不可得寸进尺。每个人的忍耐程度都是有限的，销售员不要把客户逼得太紧，否则就会走向失败。所以，销售员在欲擒故纵的时候，一定要把握好尺度，最终目的是为了与客户合作，而不是闹情绪，耍脾气。

◆ 要有高质量的商品做资本

销售员要欲擒故纵，威胁客户，首先要有高质量的商品做资本。如果销售员的产品质量很次，价格又很高，客户不会有多大兴趣，在这个时候，销售员就不要考虑用以退为进的策略了。因为你的离开正合客户的心意。所以，销售员在见客户之前，要对自己和客户有个清楚的认识。如果质量上没有优势，那么就要从其他地方下手，比如，用价格和连带服务等，来吸引客户的注意力。

依赖性心理，培养忠实客户

华南是公司大型设备的销售员，为一些大企业提供相应的生产设备。

一次，有一家公司给华南打电话，需要采购几十套监控设备。华南的服务非常周到，包括产品的选择、安装、调试都是他在操作。很快监控设备到了对方的手里，对方公司的经理非常满意。

但是过了不到两个星期，华南就接到了公司经理的电话，不是设备出了问题，而是公司经理对监控非常陌生，有一些功能还不会操作，需要华南手把手地教。于是华南不辞辛劳，赶去为客户演示操作过程。

过了一个月，华南又接到了公司经理的电话，因为客户购买了设备之后，有一些故障对方不会排除，于是华南再一次前往，为客户排忧解难。

由于对方对监控设备的采购、安装和调试一窍不通，在合作中，华南总是提供一条龙服务。这样一来，客户对华南产生了深深的依赖，每次都要从华南那里订货，成为了华南最忠实的客户。

从上面的故事中可以了解到，要想让对方成为销售员最忠实的客户，那么一定要让对方对销售员产生深深的依赖。只要客户离不开销售员，那么自然就成为销售员最忠实的客户。所以，销售员要让客户在购买产品的时候第一时间想到你，离不开你，让客户依赖你。

销售员要想拥有客户，那么就得成为客户依赖的人。当客户想要购买你的产品时，第一时间想到了你，那么，基本上客户已经离不开你，深深地依赖你了。销售员在具体的销售中，如何让客户依赖自己呢?

◆ 跟单要认真和勤奋，不要让客户操心质量和交期

在销售员和客户的合作过程中，销售员的工作做得是否到位，往往直接影响着客户的忠诚度。所以，销售员多努力一些，多操心一些，客户就会少操一份心。当你的客户与你合作时，不用再担心产品的质量，不用担心货物是否如期到达的时候，说明客户对你已经是绝对信任了。你让客户省心、放心，客户没有理由不与你合作，没有理由不依赖你，自然成为你最忠实的客户。所以，销售员在跟单的时候一定要认真和勤奋，这样才能获得客户的依赖。

◆ 催款要及时，不要让客户担心卡货

有时候，客户因为工作繁忙，常常忘了回款。对于提供货物的公司来说，客户不回款，意味着不能再发货。这时候，如果销售员没有及时提醒客户，将很容易被卡货，给合作双方带来不必要的麻烦。所以，销售员一定要及时催款，及时提醒客户，让双方沟通到位。作为一名销售员，如果每次发货之后，都能及时提醒客户回款，那么客户就不会担心因为忘记回款而被卡货，当客户不用为合作而操心的时候，基本上就是依赖销售员的时候。

◆ 售后跟进，让客户不用担心销售员及所代表的公司不存在

很多时候，尽管客户在和销售员合作，但是对于销售员所代表的公司基本上不会有太多的了解。尤其是销售员发货之后，和客户的联系就会越来越少，往往让客户产生销售员只管发货，不管售后的疑虑。如果售后出现了问题，很多销售员的态度就会发生变化，这也是很多客户变更合作对象的原因。所以，在发货之后，销售员的问候以及适时的跟进，无疑是给客户吃了一颗定心丸，至少出了问题有人会负责。如果销售员可以打消客户的疑虑，无疑是让客户找到了可以依靠的臂膀，客户自然不会离开你，

而成为你忠实的合作者。

◆ 对新产品的宣传要到位，让客户觉得你所在的企业是在发展壮大的

一个企业是否发展，往往与是否开发和研制新产品有直接的关系。事实上，这也是客户对合作企业的评判标准。所以，销售员对企业新产品的宣传一定要到位，让客户觉得你所在的企业是在不断发展壮大的，这样客户才会对你们的合作有信心。如果销售员将这方面的工作做到位，无疑是解决了客户的后顾之忧。客户对合作没有顾虑，实际上就是对销售员的依赖和信任。

善用比较法，让客户认清产品价值

罗丹是家具推销员。一次，一位客户前来购买家具，在罗丹的介绍下，客户选中了一套欧洲风情的高档家居，客户对那套家具非常满意，但是当罗丹报出3万元的价格时，客户皱起了眉头。

“我前几天在另外一家家具销售公司看到一套家具，和这套家具差不多，人家开价2.5万元，为什么同样风格的家具，在你们这里就贵了很多啊？”

“那么您觉得这套家具多少钱合适呢？”罗丹耐心地问。

“那就2.6万元吧，也不能让你们吃亏。”

“可以，2.6万元就2.6万元吧，不过不是这套家具，是旁边的那套家具。”说完罗丹带着客户看了旁边的一套家具。这套家具和客户刚才看的那一套简直是两个档次，样式陈旧，而且材质和做工也很不理想。

望着客户满脸的疑惑，罗丹说：“这套家具就卖2.6万元，正好符合你出的价位。”

客户不满地说：“这套家具和刚才那套根本就不是一个档次。刚才那

套家具你最少多少钱卖呢？”

这时候，罗丹知道客户购买的主意已经定了，最后以2.9万元的价格卖给了客户。

从上面的故事我们可以了解到，要让客户接受销售员所报出的价格，不妨找一个陪衬，通过比较，让客户觉得物有所值。事实上这也是引导客户心理的一项有力措施。所以，销售员要多利用对比心理，让客户自己去选择，在选择中，客户自然会顺从销售员。

没有对比，就不知道高低，不知道优劣，不知道好坏。所以在销售中，如果客户对销售员有所怀疑，不妨利用对比的方法，让客户在鲜明的差距中说服自己。那么在具体的销售中，销售员该如何利用对比的方法引导客户呢？

◆ 要介绍质量好的产品给客户

销售员给客户介绍产品的时候，一定要介绍质量好的产品给客户。相对于价钱的高低和质量的好坏，客户一般都希望买到质量好的产品，所以销售员给客户介绍产品的时候，一定要介绍质量好的商品，质量好的商品价格相应地会高一些，这就是客户的矛盾所在。既想买质量好的商品，又希望价格会便宜一些，事实上，这是不可能的事情。在这种情况下，销售员要通过对比，让客户明白一分钱一分货，客户都不希望使用低级产品。在这种心理作用之下，让客户主动加价，实现高价销售的目的。

◆ 相比较的产品，要建立在统一的性价比的基础之上

销售员利用对比的方法让客户觉得物有所值，但是前提必须是建立在统一的性价比的基础之上，也就是说，在功能和价格差不多的两件商品间做比较。如果销售员让客户比较的两件商品没有相同的功能，客户在比较中也得不出什么结论。比如，在电视机和洗衣机之间就没有任何的可比性，因为电视机和洗衣机的功能不相同。再比如，在一台液晶电视机和黑

白电视机之间也没有任何的可比性，尽管两件商品的功能有些相同，但是两件商品几乎属于两个概念，客户在比较中也不会得出任何的结论。所以，销售员引导客户在两件商品之间比较的时候，一定要选择同一概念上不同效果的两件商品。

◆ 相互比较的产品，要有明显的差距

销售员在引导客户比较的时候，要选择两件有明显差距的商品，因为有明显的差距，客户一看就能知道哪个好，哪个次。比如前面故事中的两套家具，客户一看就能明显地感觉到差距，因为有功能和质量上的差距，所以才能接受价格上的差距。才能用事实对客户起到一定的说服作用。如果销售员选择两件差别不大的产品，让客户去比较，客户感觉不到明显的差距，反而因为相差无几的同类商品，却能便宜很多，客户的注意力就会转移到销售员所提供的陪衬商品上。这样不但说服不了客户，还会起到反面的比较作用，对于销售员来说是个彻底的失败。所以，销售员在选择相互比较的商品时，一定要有明显的差距，质量好的自然有高的价格，客户比较之后自然有自己的选择，一般情况下都会顺从销售员的指引。

◆ 介绍差距的时候，要有所倚重

很多产品在样子上看不出明显的差距，在配置和功能上会有所区别，所以，销售员引导客户进行比较的时候，还要把两者之间的差距介绍给客户。在介绍的时候，销售员要有所倚重，对所推销的产品，要重点介绍其强大的功能和良好的质量，介绍时不妨略略夸张一些。对陪衬的商品，主要是衬托所要推销的商品，不妨说得次一点，差一点，让销售员的感情色彩来影响客户的决定。

第四篇

成交秘诀

第12章　沟通技巧，有效提升客户满意度

客户最终选择和销售员合作，很大程度上不仅仅是因为产品的质量好，而是因为销售员的服务好。由此可见，一个会说话的销售员，一个说起话来契合客户心理需求的销售员，对于促销来说非常重要。当然除了很多人天生爱说话、口才好之外，也是有一定的技巧和方法的。比如，少说专业性术语，以提建议的方式，让客户觉得自己是唯一。销售员除了勤奋刻苦之外，还需要掌握这些契合客户心理的说话技巧，用语言来取得客户的满意和信赖。

用通俗易懂的语言介绍产品

公司要搬迁了，急需一个能体现公司特色的邮箱。于是张总让秘书去咨询一下。秘书在网上寻找了一家专门安装邮箱的公司，打电话咨询。接电话的业务员听了秘书的要求之后，非常诚恳地对秘书说："我觉得按着你们的要求，做一个CSI的邮箱比较合适，使用起来非常方便，而且还能体现公司的文化。"秘书从来没有听过CSI这个专业术语，自然不知道是什么意思，于是专门跑去问经理，经理也不知道。

于是秘书问："你所说的这个CSI到底是什么材质的，是金属的，还是塑料的？"

销售员对秘书的提问非常不解，说："如果你们想要金属的话，最好安装FDX，每一个FDX上还要配两个NOC。"秘书一听，脑袋都大了，一个CSI已经让她一头雾水了，这时候再来一个FDX，还带上个NOC。秘书很无奈，只好说："有机会再联系吧。"

从上面的故事中可以了解到，客户非常讨厌销售员满口的专业术语，因为客户听不懂，不知道你到底在说什么。或许这些专业术语能体现销售员的专业水准，但是客户不明白，销售员再专业也没用。所以，销售员在和客户的沟通中，要尽量将专业术语用通俗的方式讲解出来。

事实上，客户不是讨厌专业的销售员，只是讨厌销售员说专业术语。如果销售员能把这些专业术语转换成简单的话语，让客户能听得懂，那么客户自然愿意与销售员合作了。销售员在将专业术语转变成简单话语的过程中，需要注意一些什么问题呢？

◆ 转变的语言要简单明了

客户没时间听销售员在那里搬弄文字。所以，在给客户解释的时候，销售员要尽量把话说得简单一些，明白一些。销售员在说话的时候，一定要注意提炼精华，用最简单的句子把主要的信息表达出来。如果销售员废话连篇，说不到点子上，往往让客户着急上火，如果客户的脾气好，可能会委婉地拒绝和销售员合作，如果客户脾气不好，说不定还会招致客户的一顿臭骂，这对于销售员来说是得不偿失的事情。

◆ 多用口语表达

在转述专业术语的时候，销售员尽量用口语表达出来，这样浅显易懂，客户容易明白。如果用大量的书面语，客户一样会觉得费劲。会让客户产生厌恶的情绪，觉得没法和销售人员沟通，从而放弃想要合作的打算。所以，销售员在表达的时候，尽量用口语化的语言，让客户听得明白，听得清楚，这样就不存在沟通的障碍。客户弄明白了销售员所表达的意思，就会决定要不要合作，以及想要怎样的合作。

让客户觉得那是他的想法

邹宝是相机专卖店的店员。

这天，一个20岁出头的女孩前来购买相机。女孩不是要专业的相机，只是想要一个随身携带用于拍摄的相机。邹宝为她挑选了一款轻薄、便于携带的A牌相机，但是女孩似乎对B牌相机更感兴趣。

邹宝说："就色彩相比较的话，A牌的相机能保持景物原有的色彩，而拍出来的照片明显地感觉色彩鲜艳一些，而B牌的相机拍出的照片则会色彩失真，尤其是绿色，色彩会显得昏暗一些。"

女孩："这个我以前没有用过，了解的也不多，但是我同学中有人用B牌的。"

邹宝："这没关系，很多买相机的客户都是刚刚了解，我们为客户服务肯定会推荐最好的，要不然客户不满意，我们的生意也不好做。"

女孩："那好吧，为了保证我以后拍出来的照片更加真实，我就买你推荐的这款A牌相机了。"

从这个故事中我们可以了解到，有很多的客户往往受周围朋友的影响，对某些品牌盲目地认可。这时候，如果销售员态度鲜明地向他们提出自己的看法，一般都会遭到客户的抵触和反对。不是销售员的建议有问题，而是对方觉得那是你的想法，不是自己的决定。谁也不想让别人来决定自己的事情。所以，销售员在向客户表达自己的想法时，尽量不要直接表明自己的态度。

有些销售员的建议，对客户来说是非常好的，但是客户并没有选择，而是选择了并不是最优的方案。这就要求销售员在提意见的时候注意方式方法、态度和语气。那么，在具体的操作中，销售员到底该如何向客户提建议，才会让客户觉得这是自己的想法呢?

◆ 态度要诚恳一些，委婉一些

销售员用自己的态度和意见去影响别人的时候，一定要注意说话的态度，要尽量诚恳一些，委婉一些，尽量不要让客户感觉你在用自己的想法来指挥他的行动。一般需要这种慢性渗透的方式来说服的客户，基本上都是自尊心比较强，而且非常固执的客户。如果销售员说话的态度太过强势，势必伤害客户的自尊心，引起对方的反感，从而产生逆反心理。这对于销售员来说，是得不偿失的事情。所以，销售员在表达自己态度的时候，尽量说得诚恳一些，委婉一些，用自己观点中的感情色彩去影响客户。

◆ 尽量不要用“我觉得”“我认为”“你应该”“你最好”等词

“我觉得”“我认为”之类的词，都有很强的自我性和指令性。客户听到这些词的时候，觉得销售员完全在用自己的想法和观点来强迫他们服从和遵守，这往往会让客户心里有一种受逼迫的感觉。客户自然不愿意受你思想的控制，想要有自己的想法和决定。所以，销售员在跟客户谈自己的想法的时候，要尽量少用这些词，以免引起客户的逆反心理。

◆ 要有耐心，让客户觉得是经过深思熟虑的

销售员把自己的想法和感受说出来之后，要给客户一定的时间，让客户在心理上有个接受和消化的过程，如果客户消化不了，那还是销售员的意见。所以，销售员要想让自己的意见变成客户的意见，就要给客户一定的时间去接受，去消化。这时候销售员千万不要逼迫客户去做决定。如果这时候销售员一再追问，势必让客户觉得销售员有强迫他的意思，本来愿意接受，也立刻开始抵制了。所以，销售员一定要有耐心，要给客户足够的时间。不要担心客户会浪费你的时间和精力，如果客户对你的建议没兴趣，早就表现出来，根本用不着去思考了。

讲好产品故事，吸引客户的注意

王璇是一家饭店的老板，可是最近生意越来越难做，这让王璇感觉压力倍增，他明白要是再拿不出什么特色的东西，自己肯定要关门了。他苦思冥想，也没有想出什么合适的法子来拯救自己的生意，只有听天由命，走一步算一步了。

这天，刚好是王璇发小结婚的日子。在酒桌上，王璇和发小的一个亲戚聊起了天，无意中听到了这么一个故事：说在古代，有一个非常孝顺的儿子，父母双双病倒在家里，等他赶回来的时候，父母已经奄奄一息了，他非常难过，觉得自己没有尽到孝心，他想再最后为父母做一点粥，喂给父母吃，以表孝心，当他给父母喂了粥之后，父母竟然奇迹般地活了过来。

说者无心，听者有意，王璇听到了这个关于粥的故事，茅塞顿开。他决定好好利用这个无法考证的民间传说，来拯救自己的生意。回去之后，王璇立即对这个故事进行了加工和编撰，当然中间添加了很多煽情的东西，让客户一听就被深深地感动。

于是在短短的时间内，这个孝子用粥救双亲的故事迅速地传播开来，很多人都慕名跑到王璇的店里去喝一碗孝子粥。很多人为表孝心，给父母买；很多家长带着孩子来喝，以此来教育孩子。王璇的生意迅速地火爆起来。

从上面的故事中我们可以了解到，客户有时候选择消费并不完全是因为产品物美价廉，而是受到了情感因素的影响。所以，销售员要学会用美丽动听的故事来赚取客户的心，让客户在感受亲情、友情和爱情的同时，为你的产品买单。

人是讲感情的动物，有时候感情的冲动比理性的分析具有更强大的爆发力。所以，销售员要学会调动客户的情感因素，让客户在故事和传说的影响下购买产品。销售员在利用故事来调动客户消费的时候，要注意哪些方面呢?

◆ 锁定和满足客户的情感需要

客户选择消费产品时，不仅会关注产品的质量，更主要的是关注产品背后的情感。比如，这个产品有什么历史故事，在这里故事中所宣传的价值取向等。很多时候隐藏在产品背后的故事往往能吸引和打动客户。谁也不想做买卖产品的机器，客户也是一样的，在质量和故事之间，宁愿选择有故事的产品。事实上，这些故事把人们的价值体系附在了商品之上，无意中增加了商品的文化内涵。客户在购买商品的时候还能享受到和商品有关的文化熏陶，自然乐此不疲。所以，销售员在推销商品的时候，不妨给商品编一个故事，当然故事一定要有主题，要有宣传和教育的作用。

◆ 故事要有一个鲜明的主题

故事的设置一定要有个主题，要有价值取向的引导。比如，孝子粥所宣扬的是孝顺父母的价值观，这个观念被社会所尊崇和提倡，所以客户才会千方百计地感受一回孝子粥的魅力，当一个孝子。如果故事的价值观是错误的，不但感动不了客户，还会招致客户的唾弃，起到相反的作用。

◆ 剔除故事中与商品无关的内容

在设置故事的时候，不要将故事设置得太长，这样会让客户在听故事的时候感觉很累，以在3~5分钟内听完为佳。一定要剔除与销售产品无关的内容，让宣传产品的故事更加精炼，主题更加鲜明，这样客户听完了故事会立即明白你所要表达的意思。只有客户明白了故事的意义才会被感动，才会被吸引。

◆ 在最能打动客户的地方着重煽情

为宣传产品所设置的故事，目的在于打动客户的心，让客户因为故事而消费产品。所以，在能打动客户的关键部分，不妨加重煽情的成分。比如孝子粥的故事中，最能打动客户的便是儿子看到父母病重后的伤心欲绝，以及怀着悲痛的心情为父母熬粥等，因为这些情节最能调动客户心中最强烈的情感。所以，在设置故事的时候，不妨在这些地方加重煽情的成分，在赚取客户眼泪的同时，赚取商品的利润。

诙谐有趣的语言让客户放松警惕

陆俊是某公司的销售员。这天他去拜访一个一直以来都没有合作过的客户。见了对方之后，陆俊一边做自我介绍，一边恭恭敬敬地将自己的名片双手递到了对方的面前。对方接过陆俊的名片，不屑地瞥了一眼，没搭理陆俊。

过了几分钟，对方才慢条斯理地说："你们公司的销售员来过好多次了，我直接就给打发走了。我对你们的产品一点儿兴趣也没有，也不想浪费你的时间，同时我也没时间搭理你，你还是赶紧走吧。"

陆俊说："您能为我着想，让我很感动，您也不用担心浪费我的时间。我只用5分钟的时间，如果在5分钟之后，您对我们的产品感兴趣，咱们就合作。要是5分钟之后，您不满意，我当场在地上给您打个滚，或者翻个筋斗也行，算作对您的补偿吧。"

"你真的要在地上打个滚啊？"客户笑着说。

"没错，就这么爬下去，就这么翻过来。" 陆俊一边比画着，一边笑着对客户说。

"行啊，为了看你这个表演，我也得给你5分钟啊。"客户哈哈大笑着说。

“得，看来我今天还真得用心不可，否则真的要当众出丑了。”陆俊坏笑着说。

从上面的故事中我们了解到，幽默能降低客户的心理戒备，能缓和销售员和客户之间因为不熟悉而造成的紧张气氛。所以，当销售员遭到客户拒绝的时候，要想方设法利用你的幽默细胞将对方逗笑。如果对方一笑，那么防备心理就会松懈。销售员就能成功地俘获客户的心。

每个人都喜欢与人轻松快乐的相处。如果你能在短时间内让别人感觉到从你身上散发出来的快乐，那么别人自然喜欢和你接触。那么，作为一名销售员，如何才能变得幽默一些呢?

◆ 陶冶情操，让自己变得乐观、豁达、自信

幽默是一种生活态度，是乐观、豁达、自信的表现。很难想象一个整天唉声叹气的人会有幽默感。所以，销售员要想让自己变得幽默一些，首先要培养自己积极的生活态度，任何事情都有两面，生活也是这样的。所以销售员要积极一些，当遭遇到挫折和打击的时候，不妨当作一种享受，当你微笑着继续前进的时候，你才能品尝到那份快乐。其次要有豁达的心胸，不要斤斤计较。生活中的人或者事总有那么几分不尽如人意，不妨宽容一些，大度一些，少一份纠结就会多一份快乐。除此之外，还要有绝对的自信，不要轻易怀疑自己。当你变得乐观、豁达、自信的时候，你就会慢慢地发现，其实你也有很多的幽默细胞。

◆ 不断丰富自己的文化知识，让自己变得充满智慧

一般情况下，幽默的人都是知识非常丰富的人，丰富的谈资是以广博的知识为基础的。脑子里的知识多，才会融会贯通，找到各种知识之间的联系点和相似点，找到幽默元素。所以，要想让自己变得幽默，就要不断地储备各种知识。所以，销售员在平常的工作中，也要抽时间多学习各种文化知识，不断地充实自我。只有有了广博的知识，才能做到谈资丰富，

妙言成趣，才能从平淡的生活中发现乐趣。

◆ 培养敏锐的洞察力，提高观察事物的能力，让自己的思维变得敏捷

提高观察事物的能力，培养敏锐的反应能力是提高幽默水平的一个非常重要的方面。只有在平日里积极地观察，善于发现和捕捉生活中的细节，然后加以联想和夸张，才能带来幽默的效果，给人们以轻松的感觉。一个做事马马虎虎，粗枝大叶的人是难以发现生活中的乐趣的，更别说幽默了。生活不是缺少幽默，而是缺少发现幽默。所以，销售人员要多注意观察生活和工作中的人和事，多去发现生活，去认真面对生活。这样，你会发现你变得越来越幽默，你的客户也越来越喜欢你，当然你的业绩也会越来越好了。

谨言慎语，有些话不要多说

乔巧是图书市场的销售员。这次她千辛万苦谈下的一个客户，在签合同的时候，由于一个原则性的失误，结果让这笔单子告吹了。

那天，乔巧带着合同前往客户的办公室。到了之后，客户觉得和乔巧接触了这么久，彼此之间也不陌生了，于是也不着急签合同，而是和对方聊了一些题外话。聊了几分钟，聊到信仰的问题，乔巧这才知道客户一直信仰佛教，而且是非常虔诚的信徒。

而巧的是乔巧也有信仰，是一个虔诚的基督教信徒。刚开始聊的时候，两人都有信仰，感觉是缘分，可是越聊越话不投机。客户所说的佛教教义，以及礼仪，在乔巧看来透露着严重的迷信色彩，而乔巧所说的基督教教义和行为方式，让这个佛教信徒觉得不伦不类。二人由一开始的投机，发展到后来不断地争论，最后两人争得脸红脖子粗，甚至开始互相人

身攻击。

就这样，两人被劝开之后，就再也没有见面。乔巧的合同也没有签下来，单子自然没有拿到手了。

从上面的故事中可以了解到，销售员在和客户聊天的时候，一定不要惹客户不高兴。俗话说，客户是上帝，得罪了客户，之前所做的努力就会白费。祸从口出，在说话的时候，销售员要注意不该说的话千万别说，不起作用的话，那就不说，不要因为自己的口误而带来不必要的麻烦。

在销售员和客户的交往当中，语言沟通是主要方式。所以，销售员在说话前一定要再三地考虑，不要因为话说得不合适，而影响客户的心情。作为一名销售员，到底哪些话题不能碰呢?

◆ 批评倾向的话题

很多销售员在平时说话的时候不注意，经常对客户说一些带有批评倾向性的话，结果在无意中得罪了客户。比如“你家的楼梯太难爬了。”“这个茶味道不怎么好喝。”“你这个名片做得有点土。”或许这些话只是销售员随口说出来的实话，但是让客户觉得好像在指责和批评自己，心里自然不舒服了。引起客户的不悦，是合作失败的前兆。

◆ 争议性的话题

销售员在和客户的沟通中，一定要记住，带有争议性的话题，特别是与政治或者是宗教有关的话题，尽量不要去讨论。因为这样的话题没有谁对谁错，主观性很强，不管你表达什么样的看法，对销售工作来说没有实质的帮助，反而会给对方留下攻击你的把柄。一些没有经验的销售员，为了能和客户套近乎，不管是什么话题，只要客户说，就积极地参加进来，结果因为一些意见上的分歧，和客户发生争论，结果把即将到手的单子给弄丢了。所以，销售人员要记住，对于一些主观性很强的话题，一定要三缄其口，保持沉默，这样不至于得罪客户，丢掉单子。

◆ 攻击性的话语

很多销售人员把竞争对手贬得一文不值。事实上，对手并没有因为你的攻击而变小变弱，相反，因为销售员攻击对手而让客户非常反感。因为一个连对手都容不下的人，品行是值得怀疑的，在客户的眼里，你的形象会大打折扣，甚至你的产品都让客户质疑，这对于销售人员来说，百害而无一益。拿泥巴扔人，也会弄脏自己的手。所以，销售人员不要去攻击你的对手，攻击对手只能让自己变得弱小。

◆ 个人隐私的问题

一些销售员为了和客户套近乎，一开口就谈个人问题。实际上，个人隐私的话题只有相对熟悉的人之间才会谈，一见客户就谈这些八卦的话题，会让客户觉得很无趣。而且，这些问题对于客户没有任何作用，对于销售也起不到任何的帮助，相反还会贻误销售的最佳时机，所以也是不提倡的。

◆ 质疑性的话语

很多销售员担心客户不明白自己的意思，于是不断地质疑对方：“你懂吗？你明白我的意思吗？”等，这些对客户理解能力的怀疑让客户很反感。适当地询问客户的感受是很有必要的，但是态度上一定要诚恳一些，让客户感觉你是在关心他，而不是在质疑他的理解能力。在言辞上的不注意，往往会让客户误会你轻视他，看不起他，这样就会让客户和销售员之间产生对立的情绪，这对于销售员来说并不是一件好事。

第13章　攻心话术，让客户在言语间答应成交

客户在接触销售员的时候，觉得销售员是为了赚取自己的钱而来的，所以对销售员存有极强的戒备心理，甚至和销售员对抗。作为销售员，如果在与客户的交流和沟通中不能说服客户，就意味着销售的彻底失败。销售员要攻克客户的心理防备，除了要有很强的口才外，还需要销售员掌握一定的攻心话术，比如，说好开场白、巧妙地应对客户的借口、用收益和损失的对比攻心等。销售员掌握这些攻心的基本技巧和方法，会对说服客户有一定的帮助。

介绍产品的特色和爆点，刺激客户消费

石福是某商场电器专柜的促销员。

这天早上，来了一位30岁左右的女士，想要购买一台电磁炉。石福说："那你想要买什么价位的呢？"

客户："钱不是问题，问题是一定要便捷，一定要安全。"

石福："那就这一款的，功能全，而且它比其他牌子的电磁炉更加省电，做一顿饭还用不了1度电呢。还有自动关闭的功能，如果炉子上忘记了放东西，它会在3秒钟之内自动关闭，以保证使用安全。"

客户："真的有你说得这么好吗？"

石福："那当然了，这一款电器是卖得最好的，尽管价钱有点高，但是和其他牌子的电磁炉相比，有它独特的优势。"

客户："那好吧，我就买这一款了，你帮我开小票吧。"

从这个故事中可以了解到，没有特色的商品是无法吸引客户的。也就

是说销售员在推销商品的时候，要抓住特色和优势来介绍，也就是商品的卖点。客户购买商品是为了满足生活的需求，而产品既能满足客户的生活需求，又能满足心理需求，客户自然会选择购买。所以，销售员要把商品的卖点介绍出来，从而吸引客户消费。

因为销售员所推销的产品比其他产品更加优秀，更加出色，才能吸引客户的注意力，客户才会购买。所以销售员在介绍商品的时候，一定要把商品的卖点介绍出来。那么销售员该如何提炼商品的卖点呢？

◆ 卓越的品质

销售员应该明白，作为客户都希望能够买到质量好的产品，所以卓越的品质是商品最好的卖点。我们在销售中可以发现，如果销售员说一件商品的质量很差，那么肯定没有人买。反过来，如果销售员强调质量足够好，那么客户肯定会争相购买。尽管客户对销售员有一定的心理防御，但是他们也在相信销售员，因为关于产品，销售员比他们懂得多。所以，销售员在介绍产品的时候，如果你的产品质量足够好，那么不妨主打品质，事实上，这也是最能让客户产生购买欲望的卖点。

◆ 优越的性价比

客户都有一种心理，那就是花最少的钱，买最好的商品。性价比高的产品自然受到客户的青睐和追捧，所以优越的性价比也是商品的一个很好的卖点。对于销售员来说，如果你的产品质量不是很好，而且也没有什么特殊功能，那么不妨走低价的路线，因为价钱永远都是客户心中最敏感的神经。在低价的策略之下，一般的客户都会忽略质量的问题。当然质量也不能太次，否则客户会放弃购买的打算。所以优越的性价比往往能在短时间内吸引客户，大大地增加了商品的销售量。

◆ 显著的功效

客户购买了商品，如果商品没有什么显著的功效，那么客户会认为上当受骗了，下次自然不会再选择这个商品。但是如果商品功效显著，客户自然会去追加消费。所以，显著的功效也是商品的卖点。比如，一台空调，暂且不说质量的好坏，价格的贵贱，如果使用起来很方便，能满足客户的需求，就会获得客户的认可。否则，即使吹嘘得天花乱坠，不能解决客户的实际问题，客户也不会认可和支持。所以，如果销售人员所销售的产品质量不是最好，价钱不是最低，不妨在商品的功能上做文章，用商品的功效来吸引客户购买。

◆ 商品的特殊利益

很多商品在满足客户的基本需求之下，还会有特殊的利益，其中这部分特殊利益就是商品的一个很大的卖点。比如，假设有一款近视眼镜，能满足眼镜近视的同学的需求，同时还能减缓客户的近视增长速度，这个特殊功能就是商品的特殊利益，是吸引客户消费的很大的卖点。客户之所以购买眼镜，是因为眼睛近视，那么有一款产品能满足近视的需求，而且还能减缓近视增长速度，那么客户自然愿意购买了。所以，商品的特殊利益是商品一个很大的卖点，销售员要强化这种特殊利益，吸引客户完成消费。

◆ 完善的售后服务

很多客户不敢消费，是因为商品交易完成后，没有完善的售后服务，要是出了问题没人理会。所以，对于客户来说，完善的售后服务也是一个很大的卖点。销售员不妨将商品良好的售后服务介绍给客户，让客户免去后顾之忧，这样客户就会放心地消费。

高明应对客户敷衍的态度

黄永是涂料公司的销售员，这次公司派他去谈一个大型工程项目，这对于黄勇来说是个极大的挑战。

黄永绕过了保安和秘书的阻挠，成功地找到了工程项目的负责人，对方对黄永所推销的涂料也很感兴趣，并嘱咐他下次带一部分样品过来，让他们施工方的技术人员进行检验。

黄永非常高兴，因为按照惯例，客户既然让他带样品过去，基本上就是有合作的意愿了。所以，第二天，黄永就把样品带了过去，对方表示等检验结果出来之后会立刻联系他。

于是黄永静静地等待，可是时间过去差不多一个月了，客户始终没有联系他，黄永的心里开始犯嘀咕，难道对方的检验结果还没有出来吗？这么长时间了，也应该有个结果了，于是黄永又去找了客户。客户说，检验结果出来了，产品也符合他们工程的使用标准，但是现在工程还在进行阶段，到了最后的装修阶段，再联系黄永。

客户说的似乎也在情理之中，没办法，黄永只好走了。事实上，就在黄永第二次拜访客户的那一天，客户已经和另外一家涂料公司签订了合作合同。

从这个故事中我们可以了解到，客户貌似有很多合情合理的理由来拖延合作，事实上是销售员在销售过程中出了问题，客户不好直说，所以才找了借口敷衍销售员。而销售员往往会信以为真，从而在等待中错失了合作的机会。所以，销售员一定要明白，客户所说的任何理由都是借口，都是因为谈判中出了问题。

在销售过程中，面对销售员的热情，客户往往不好直接拒绝，而是找一些合情合理的理由来敷衍销售员，这样就可以避免伤害销售员。销售员是否能将客户的问题处理好，直接关系着合作是否能顺利进行。那么，作为销售员，如果客户用借口来敷衍你，你该如何应对呢？

◆ 销售员的态度一定要诚恳

当客户告诉你要“考虑考虑”或者是“回头再说吧”的时候，销售员要意识到客户在找借口拒绝你。客户不会真的考虑，也不会回头再和你说。这时候销售员一定要放低姿态，态度诚恳地向对方询问，到底问题出在哪里。切不可因此而放弃客户，或者是等待客户的回音。一般情况下，客户找借口敷衍销售员，自己内心深处就在发虚，因为他在说谎。所以，只要销售员态度诚恳一些，客户就会装不下去，一般都会告诉销售员自己的顾虑和想法。销售员掌握了对方的想法，就要想方设法给客户一个合理的解释。事实上只有把客户内心的疑虑解除了，最终的合作才有可能进行。

◆ 找出客户借口的原因

一般情况下，客户找借口、找理由来敷衍销售员，基本上都是对销售员提供的服务承诺不满意，或是对产品有意见。这时候，销售员如果认为客户真如他们所说的那样“考虑考虑”，那么销售员势必要失去和客户进一步合作的机会。销售员态度诚恳一些，客户都会告诉你，哪里出了问题。比如，客户觉得价钱太高了，或者觉得质量不是太好等。当销售员了解了客户心里的疑问，而且给客户解释清楚了，客户自然会与你合作。所以，销售员能否找出客户拒绝的理由，直接关系着客户是否愿意与销售员合作。

◆ 及时解决客户的疑虑和问题

既然客户把自己内心的真实想法告诉了销售员，就是希望销售员能给他们一个合理的解释。这时候销售员要本着为客户服务的心理，真诚耐心地帮助客户。比如客户对你说：“你的产品太贵了。”销售人员就要给客户解释清楚为什么价格贵，可以通过质量、功能以及售后等，让客户觉得多花点钱买你的产品是值得的。通过讲这些道理，再举一些例证来说服，赢得客户的理解和认可。只要客户觉得销售员所说的有一定的道理，那么接下来的合作就会容易得多。

有技巧地讲述产品的优缺点

小刘是保险公司的销售员。这次他去拜访一位著名的企业家。

企业家："小刘，说实话，你很优秀，我很欣赏你，遗憾的是，我决定不买保险了。"

小刘："为什么呢？"

企业家："我有个习惯，那就是买东西的时候，常常问自己：'不买会不会死。'同样我这次也问了自己，所以，我决定不买了。"

小刘："大姐，人不买保险是不会死，但是死的时候会很惨。而且那些依靠你的人也会很惨，你死了什么也不需要了，但是他们还要生活，还需要吃饭，还需要穿衣。所以你是绝对不能出意外的，就是不为自己考虑，也要为他人考虑啊。"

企业家："你这么说也有一定的道理。"

小刘："天有不测风云，未来的事情谁也说不准，如果你有什么意外，那些依靠你的人还可以通过你买的保险获得一定的赔偿，这对他们以后的生活是很好的支持。如果你买了保险，就不会为以后的事情发愁，不会为家人和朋友以及你手下的员工担心了。"

企业家："按你这么说，我还真应该买。"

从上面的故事中可以了解到，客户在合作与不合作之间犹豫徘徊，主要还是考虑现实利益的得失，销售员在说服客户的过程中，要把买了商品的好处和不买商品的坏处全部告诉客户。在好处和坏处的对比之下，客户自然会作出与销售员合作的决定。

人在决定的时候，往往会在内心深处进行一场博弈。所以销售员在说服客户的时候，一定要把这个心理利用好，将产品的好处说得更好，坏处说得更坏。这样好坏对比权衡之下，客户会选择好处，而避免坏处。销售员在说服客户的时候，如何才能把好处说得更好，坏处说得更坏呢？

◆ 将伤害和痛苦说得更糟

往往人有一个思维定式，总觉得自己会心想事成，从来不会考虑如果不成功将要怎么办。同样，在心里博弈的时候，也总是会考虑美好的东西，向来不考虑坏的情况，在这种侥幸心理的作用之下，往往对自己太过自信。所以，销售员在说服客户的时候，要先告诉客户，好与坏的概率是一样的。如果好了当然皆大欢喜，但是如果坏了呢？把这个现实的问题提到客户的眼前。只要销售员把不合作所带来的伤害和痛苦说得足够严重，一般都会给客户一个巨大的心理震撼，因为对于他们来说，这些损失和伤害不一定会降临到自己的身上，当他们明白巨大的损失和痛苦之后，一般都会有所顾忌。毕竟人更愿意远离痛苦并享受快乐。

◆ 强调合作后的美好

销售员在给客户制造了巨大的心理压力之后，一定要及时给他们灌输美好的合作前景。合作后会给他们带来多少快乐和幸福，会给他们带来多少实际的收益。在这些现实的诱惑之下，客户自然会为之所动。当客户被合作后带来的巨大诱惑吸引的时候，销售员再为他们创造实现这些诱惑的途径，那么客户基本上都不会拒绝。比如销售实例中，小刘在为企业家分析了不买保险的结果之后，又为她解说买了保险的好处，客户在巨大的心理压力之下，最终向小刘屈服，买了保险。

恰到好处的提问可促进交易

小毕是某服装厂的业务员。

一天，小毕去拜访一个大型生产厂家的厂长，商议定制两千套工作服的事情。

由于是厂家主动下的订单，所以这次业务会谈小毕一点也不费劲。等到了厂家之后，小毕受到了热情的接待。

在商谈中，厂家选择好了面料，谈好了价钱，并请专业的设计师设计好了服装上的图案。只可惜厂里的厂长刚好有事，出门了，所以合同没有办法签。

最后，双方约定，小毕的厂家积极备料，准备开工，等厂里的厂长一回来，对方就打电话通知小毕，前来签合同。

小毕回去后，向服装厂的领导做了汇报，顿时全场上下动员起来，准备大干一场。就在小毕回去后的第二天，他接到了生产企业的电话，对方非常客气："你好，是服装厂的小毕吗？"

小毕："是我，你好，可以去签合同了吗？"

"真的很抱歉啊，我们厂长回来之后，觉得这样的合作不合适，因此我们的合作暂时取消吧，等以后有机会了再合作。"对方显然有些底气不足。

小毕顿时愣在一旁，但是他反应很快："什么？你说什么啊？你能再说一遍吗？"

对方："我说我们领导不同意，合作到此终止啊！"

小毕："什么？我这信号实在不好，回头再打啊。"

不等对方回应，小毕就挂了电话，然后拿着合同，迅速地赶到了生产企业。由于对方本来就理亏，再加上小毕的强大攻势，最后，厂长终于在合同上签了字。

从上面的故事我们可以了解到，当客户存在问题的时候，往往会退缩，不想合作，尤其是没有签合同的情况下，这时候，销售人员不妨装傻充愣，多提几个问题，并找个理由结束通话，将对方的阵脚打乱，然后再采取相应的补救措施，让对方顺着销售员的思路走。这样一来，对方毁约的计划就会完全失败了。

在销售过程中，有效的提问不但能更多地获得对方的信息，而且还能增加客户的兴趣，控制谈话的进度，控制客户的思维等。可以说，有效的提问对于最后的合作起着关键的作用。那么，销售员到底该如何提问呢？

◆ 选择型问题

在选择型提问的压力下，在很大程度上，客户被剥夺了拒绝的权力，因为不管怎么选择，必须是在接受销售员的建议的前提之下，这样做可以大大地降低客户的抵抗情绪。因为客户的心里始终对销售员有很强的防备，不管销售员说什么，就一个“不”字来解决。可是销售员如果不给客户说“不”字的机会，客户也就无从拒绝，从而在不经意间被销售员带着走，可能客户和销售员合作了之后，内心深处的“不”字还在作祟。这就跟客户心中的雷区一样，只要不踩它，它就不会爆炸。所以，销售员要学会用选择式的提问避开客户的拒绝和否定，为进一步合作打好基础。

◆ 引导型问题

引导型提问，就是陈述一个事实，然后再来一个是否式的提问，这样做的目的，只是想要让客户承认前面的事实。当然这个事实必须说得有理有据，不能有任何的漏洞，一般情况下，前面的问题已经把答案告诉了客户，客户只有说“是”的权力。表面上看是在征求客户的意见，实际上是在引导客户的思维，让客户无路可退。这样的提问在关键时候能扭转客户的态度，能顺利地让客户签下单子。所以，销售员要学会引导式的提问方式，让客户轻而易举地应允你的要求。

◆ 反问型问题

采用反问型问题，可以将客户踢来的皮球反踢回去，从而在气势上压住对方，让客户自己去承受带来的压力。比如：客户说“到目前为止，所有厂商的报价都太高了。”销售员说：“所有的报价都太高了吗？”意思就是说我们的报价其实很低了。这么反问，客户抱怨的气焰就会立即被压下去。有时候，客户利用一些问题，牢牢地控制了销售员的气场，这时候销售员一定要用反问型问题将谈话的主动权重新夺回来。在交谈中，谁掌握主动谁就在最终的博弈中获得成功。所以，销售员在和客户的交谈中可以适当地用反问型提问为自己助威。

第14章　说服话术，引导客户主动达成购买意向

很多时候，客户对销售员也很认可，但是并不代表客户就是最终的购买者。这就需要销售员用一些心理策略来引导客户，让客户顺着销售员的思路思考。销售员在引导客户的时候，利用客户各种不同的消费心理，给予不同的应对。这些心理策略包括用激将法改变客户的意志、利用客户的攀比心理、选择客户疲惫的时候游说、多用煽情的话、激发客户的怀旧心理等，让客户在不知不觉中成为商品的购买者。

引导消费者的攀比心

小钟是小区内的空调销售员。

小区内装了一架户外空调之后，他的业绩就开始大幅度增加了。

这天他碰到了小区的住户王先生，小钟走上前去说："王先生，天气这么热，你家还不装空调啊？"

王先生："不装了，我们家有电风扇呢，能解决问题。"

小钟："电风扇哪能和空调比啊，不仅感受上不一样，而且档次也不一样啊。"

王先生："这有什么不一样的，能解暑就行啊。"

小钟："这可不一样，你看看隔壁的张先生家，那空调就是前几天我们给装的。人家用着空调，你家还用着电风扇，平日里要是串门进去，会让人家瞧不起的啊，你说呢？"

王先生没有说话。

小钟："你家的生活条件也不比他们家差，要是在这么个小事上让人

家看不起，确实不合适啊。”

王先生：“装一台空调多少钱啊？”

小钟：“张先生上次装时花了4000元，我想你也装个4000元的吧，不能比他们家差啊。”

王先生：“行，那就装个4000元的吧。”

小钟：“那我们今天过去，还是明天过去装？”

王先生：“那就明天过来吧，早上10点钟，我在家里等你们。”

从上面的故事中可以了解到，客户有很强的攀比心理，总不能比不上其他人。所以，销售员要掌握客户的这种心理，在和客户沟通中，利用客户的攀比心理，完成销售。

人总是有意无意地和周围人比较，似乎不比较就无法发现自己的优点，但是比较的结果却发现不如他人，于是巨大的消费欲望被调动起来。在这个过程中，销售员起的就是推波助澜的作用。在具体的销售中，销售员要怎样才能利用客户的攀比心理进行说服呢?

◆ 抓住客户好面子的心理

很多客户和他人攀比，总觉得自己不如别人，要想让自己比对方好，就要赶上他，超过他。比如，隔壁的邻居家买了宽频的大背投电视，自己心里就很不舒服，于是就有了想要购买宽频的大背投电视的想法，而且要比隔壁家的更好。不是为了别的，就是为了告诉邻居，自家也有实力买大电视，而且比他们的更好。事实上，这是很多人的通病。老想争强斗胜，自己不能比别人家弱，让人看不起，这就为销售员创造了机会。所以，销售员要调动起客户的攀比心理，让客户在虚荣心的驱使下，在面子的影响下完成购买。

◆ 要找到攀比的对象

销售员在调动客户攀比心理的时候，一定要为客户找一个攀比对象。当然这个攀比对象客户一定要熟悉，或者是两人的经济实力差不多，否则就失去了意义。客户不可能与一个和自己的实力相差甚远的人相互攀比，也不可能和一个陌生人相比。所以销售员在说服客户的时候，一定要选对攀比的对象。很多时候，客户没有攀比，只是因为不知道情况，销售员把事情透露给客户之后，客户自然会有攀比的想法和感觉。销售员可借机达成合作。

◆ 不可伤害客户的自尊或诋毁别人

很多销售员在劝说客户的时候，不经意间就会诋毁他人，比如隔壁王大爷家买了冰箱，销售员会说："连隔壁王大爷家那样的经济条件都买冰箱了，你怎么还不买呢？难道你家不如王大爷家吗？"这话对于调起客户的攀比心理确实有很大作用。但是在劝说客户的时候，无形之中诋毁了王大爷，如果客户刚好和王大爷要好，势必会将这话告诉王大爷，或者是直接质问你，"王大爷家怎么了？他们家没钱了吗？！"这样不但得罪了老客户，还会影响和新客户的合作。所以，销售员在说服客户的时候，一定要注意千万不要伤害到客户的自尊或诋毁他人。

在客户疲惫时趁势说服对方

郑泽是一家大型广告公司的销售员，这天他去拜访某个大型公司的总经理陈总。

他来到陈总的办公室门口，负责在外接待的秘书将他拦住了。郑泽诚恳地对秘书说："你好，我叫郑泽，我有要紧的事情，想要拜访陈总，麻烦你通报一声。"

秘书走了进去，几分钟之后出来说："很抱歉，我们的总经理现在不在，等你下次有时间了再过来吧。"

没办法，郑泽只好离开了。

走到大门口的时候，他问一边的保安："我看到车库里有辆很漂亮的车，那是你们总经理的座驾吗？"

保安说："那是当然了，不是我们总经理的还会是谁的呢？"

郑泽脑子里一闪，于是决定来个"守株待兔"。

郑泽等了好几个小时，下班时间已经过了很久了，可是总经理迟迟不出来，这让他分外着急。就在这个时候，总经理终于从电梯中走出，来到了停车场，郑泽马上迎上，说："陈总，你好，我下午已经去您办公室好几趟了，结果每次都是被您的秘书给挡在外面了，没办法我只能在这里等您了。"

陈总忙了一整天，这时候非常疲惫，对郑泽大概问了几句，就签了一个很大的单子。

从上面的故事中可以了解到，客户在疲惫的时候，是警惕性最低的时候，在这个时候更容易被说服。因为人在疲惫的时候，对事实的判断力就会减弱。所以，销售员在拜访客户的时候，不妨选择在客户极度疲惫的时候。这样，遇到的阻力会小很多。

对于销售员来说，总是被客户拒绝是件非常痛苦的事情，所以，销售员如果觉得客户久攻不下，不妨改一改拜访的时间，在客户最疲惫的时候出现。销售员在客户疲惫的时候拜访，有哪些需要注意的地方呢？

◆ 充分了解客户的工作规律

销售员在拜访客户前，一定要对客户的工作和生活规律做一个详细的了解。如果销售员连客户基本的工作生活规律都没掌握，怎么可能知道客户什么时候疲惫呢？尽可能了解你的客户，是销售员最基本的工作需要。如果客户有喝下午茶的习惯，或者是有外出散步的习惯。那么对于销售员来说是千载难逢的机会。因为这时候，客户基本上都很疲惫，而且也没有秘书的阻挠，销售员只要在固定的地方等着客户就是了。如果客户没有这些习惯，销售员可以在吃饭时间前一个小时或者半个小时内去拜访。这时候，不但是客户疲惫的时候，也是秘书疲惫的时候，就会很容易见着客户，也很容易拿下单子。当然，不能等着对方下班或者正在吃饭的时候去。

◆ 拜访前一定要做好充足的准备

在客户疲惫的时候去拜访客户，就是在和对方打疲劳战。所以销售员一定要做好充足的准备。比如，带足了干粮和水，补充好自己的体力，以保证在见到客户的时候，精力充沛。客户在疲惫状态，精力非常差，如果销售员的精力比客户更差，那么不但说服不了客户，还可能会被客户说服，这对销售员来说是件极其失败的事情。除此之外，还要带着产品的宣传材料、合同以及签字笔等。

◆ 讲话一定要简单扼要

客户这时候非常疲惫，不喜欢说话，更不喜欢听别人说话，所以销售员在介绍的时候，尽量做到简单扼要，不要引起客户的反感。这时候，客户需要的只是休息，对于产品的要求不会太高。所以，销售员要了解客户的心理需要，满足客户的基本要求。在困倦面前，客户自然不会啰唆，所以，销售员也千万不可啰唆。

适时强势点，让客户无法拒绝

小张是某网络公司的推销员。

这天，他给某大型营销公司的董事长赵某打电话推销。

小张：“你好，我是小张，请问赵董事长在吗？”

秘书：“你是谁啊？赵董事长认识你吗？”

小张：“我是网络公司的小张，请问赵董事长在吗？”

秘书："你找他有什么事吗？"

小张："你贵姓？"

秘书："我姓文"

小张："文小姐，你好，你帮我接一下赵董好吗？"

秘书："张先生，你找赵董事长有事吗？"

小张："文小姐，我知道你们秘书的工作很不好做，我也知道赵董事长很忙，但是请你相信我这次和赵董事长的谈话一定是有价值、有意义的，同时我也不会占用赵董事长太长的时间。请你代转好吗？"

秘书："等一下。"

从上面的故事我们可以了解到，销售员在打电话的时候，语气要坚定，态度要强硬。因为这样会给对方一种无形的压力，同时你的坚定和强硬也让对方觉得不容置疑。所以，坚定的语气和强硬的态度让人觉得你的话就是命令，有时候甚至可以控制对方的行为和思想。

坚定的语气让对方不容置疑，强硬的态度可以震慑对方，使对方乖乖地顺从。所以，销售员在和客户谈话当中，要适当地坚定自己的口气，让自己的态度强硬起来。在用强硬的态度震慑客户的时候，销售员要注意哪些问题呢？

◆ 心态要转变

很多销售员在拜访客户的时候，自己很害怕，很紧张。介绍产品的时候总是不怎么好意思说，事实上这是错误心态在作祟。在销售员心里一直觉得自己是在忽悠客户，自己在赚客户的钱，客户高兴了，就有钱，客户不高兴了，自己就赚不到钱，无形之中会产生一种乞丐的心理。事实上，销售员是在帮助客户赚钱，而自己所拿的只不过是劳务费而已。只要你认为自己是在为客户服务，是在帮助客户，你的这种乞丐心理就会完全地消失。所以，销售员一定要转变自己的心态。要不时地对自己说，你在帮助别人，你所做的是有意义的、有价值的，是对的。这样你见客户的时候就不会害怕，不会紧张，就会大胆地和客户交谈。

◆ 态度要严肃

当一个人态度严肃的时候，说的每一句话都落地有声，不容置疑。其他人说话的时候就会有所顾忌，因为你的严肃态度告诉他人，没有商量的余地，我说的话就是最后的决定。所以，销售员在拜访客户的时候，一定要端正自己的态度，让自己说出来的每句话都饱含分量，让客户因为你所说的话而不敢随便打发你。当客户心理对你有所顾忌的时候，实际上你的气场已经牢牢地控制了客户。作为一名销售员，在和客户谈判的时候，该轻松的时候要轻松，该严肃的时候一定要严肃，尤其在双方博弈的紧要关头，不要随便言笑，让客户感觉到你不容侵犯的严正态度。当客户感觉到你不肯妥协的时候，对方就会率先妥协。

巧用计策，打动客户心

肖静是房地产公司的一名销售顾问，这天一大早，她带着一对年轻的夫妇去看一套二手房。当他们坐着车来到那套房子前的时候，女主人惊讶地说："真是太漂亮了，这儿有一棵正在开花的樱花树。当我还是个孩子的时候，我家院子里就有一棵樱花树，从那时候，我就对自己说，我将来一定要住在一个能看着樱花树的房子里。"

凭着经验，肖静已经知道这套房子一定能够卖出去，她将女主人的话牢牢地记在了心里。

看完房子之后，男主人说："这房子的地板实在太旧了，需要整体换。"

肖静笑了笑说："地板是有点旧，但是从这个位置上一眼就可以看到正在开花的樱花树啊。”

这时候，女主人在肖静的提醒之下，一抬头确实看到了那棵正在开花的樱花树，脸上露出了满意的笑容。男主人望了女主人一眼，没再说话。

到了厨房之后，男主人挑剔地说：“厨房似乎有一点小，而且煤气管道已经旧了。”

肖静说：“是有一点小啊，不过做饭的时候，一扭头就可以看到那棵正在开着美丽花朵的樱花树啊。”

男主人不再说话了。

看完房子之后，女主人非常满意，于是她提议不再看其他房子了，最后他们购买了那套房子。

从上面的故事中可以了解到，当客户给合作找到一个理由的时候，销售员一定要紧紧地抓住这个理由，因为抓住了这个理由就是抓住了客户的心。在这个时候，你所销售的产品的缺点和不足就会被这个理由完全遮掩起来，而显得不那么重要了。事实上，客户选择和销售员合作肯定是有理由的，关键在于销售员是否能抓住。

当一个人找到一个绝对的理由喜欢一个东西的时候，一般情况下是很难改变的。所以，当客户对你的产品产生绝对的好感的时候，销售员一定要及时地抓住客户的心，从而让合作顺利地完成。那么销售员到底如何才能抓住客户的心呢?

◆ 抓住客户的消费喜好

客户的消费喜好在很大程度上决定着客户是否愿意合作。很多时候，客户会选择自己喜欢的东西，如果客户在购买的时候，第一眼见了商品就被深深地吸引住了，那么基本上这个客户就是准客户了。比如说客户来购买一个文具盒，第一眼见了，就被文具盒漂亮的造型给吸引住了，那么即使这个文具盒很贵，或者是很容易脏，装不了多少东西，甚至是不方便携带，客户也会选择购买。因为客户的兴趣点在于文具盒的漂亮造型，只要造型漂亮，其他都可以忽略掉。如果这时候，客户还有一些犹豫不决的话，销售员一定要抓住客户的兴趣点，大做文章，客户一般都会选择和销售员合作，而完成购买。

◆ 获得客户的消费动机

很多销售员在和客户沟通的时候，一味地和客户套近乎，而忘记了在沟通中探知客户的消费动机。当客户表现出对产品不满意，或者有所顾虑的时候，不知道该从哪里下手说服客户，只是一个劲地介绍产品。事实上，客户选择消费一定是有一个消费动机的。比如：客户购买书包，是因为孩子马上就要上学了；客户购买大衣，是因为想让自己看起来更加成熟，更加自信等。所以，销售员在和客户沟通的时候，一定要不断探知客户的消费动机，当客户对产品有意见的时候，销售员完全可以拿客户的消费动机来说服客户。比如，客户给孩子购买书包，觉得价钱贵了，销售员就可以在金钱和孩子教育上动点脑筋，引导客户不要因为价钱原因而荒废孩子学业。所以，对于销售人员来说，抓住了客户的消费动机实际上就是抓住了客户的心。

◆ 夸大商品的特性和优点

客户之所以想要购买商品，那是因为商品能满足客户的生活需要，当客户对商品表现得不太热情的时候，销售员要以商品的特性和优点来激发客户的兴趣。事实上，客户既然和销售员商谈，那么就说明客户的商品能满足销售员的需求，只是客户没有发现商品的特色和优势。这时候销售员应该将注意力放在引发客户的兴趣上。比如销售电视的销售员在给客户介绍产品的时候，如果发现客户对产品不冷不热，那么不妨告诉客户，你所销售的电视有自动识别的功能，如果电视没有信号，会在5分钟之内自动识别，并自动关闭，以节省电耗。

言语真诚，以情感影响客户

王霄是印刷厂的销售员。

这天早上，王霄一大早出门去拜访客户。坐了整整三个小时的公交车，可是等他赶到的时候，秘书告诉他，总经理去参加一个商务会谈了。

一个星期之后，王霄再次去拜访客户，遗憾的是，总经理去拜访客户了。王霄坐在椅子上静静地等待，那天，他依然没有见到客户。

就这样，王霄连续拜访了三次，都没有见到客户的面，而且在第三次拜访的时候，王霄淋了一场大雨，得了严重的感冒，好几天都起不了床。等王霄感冒好了之后，再去拜访总经理，终于见到了他。

可遗憾的是，总经理对王霄的产品并没有多大的兴趣。王霄非常难过地说："总经理，您知道吗，我已经是第四次来找你了：第一次来的时候，您去开会了；第二次来的时候，您见客户了，我坐在板凳上等了你整整一天；第三次来的时候，我被大雨淋了，得了病躺在床上都起不来了。我这么做的目的只有一个，就是想要与您合作。出门在外，谁也不容易，要不是为了混口饭吃，我也不至于如此啊。"说到这里，王霄的眼圈红了。

听了王霄的诉说，总经理走过来，说："小伙子，你确实很卖力气，你付出了这么多，今天就算是咱们合作再不合适，我也要给你签这个单。"说完，从王霄那里要过合同，签了字。

从上面的故事中可以了解到，有时候客户总会找理由拒绝销售员，销售员除了介绍商品之外，还要学会用感情来打动客户，当然这些感情需要销售员用嘴说出来，并且把情绪表达出来。客户内心深处受到震撼，不好意思再拒绝销售员的时候，就是最后达成合作的时候。

客户也是人，也会受情感的左右。所以销售员在和客户的沟通中，在达不成合作的时候，不妨动之以情，让客户为不与你合作而内疚。作为销售员，如何用煽情的手法和客户达成合作呢？

◆ 多强调为客户的付出，让客户内疚

人都有一种特性，只要别人为自己付出了，就觉得欠对方个人情，必须要为对方付出一些才能在心理上获得平衡，客户也是这样的。所以，销售员在用感情说服客户的时候，要告诉客户你为了和他合作，付出了多少艰辛，这样无形之中就把你为合作所做的努力算到对方的头上。这样一来，客户就会觉得欠你个大大的人情，要是不与你合作就会太不近人情了，谁也不想让他人说自己没有人情味。所以，销售人员要学会用自己的付出为客户增加心理负担。

◆ 多强调工作和生活的难处，让客户同情

人都有同情弱者的心理。所以，销售员在和客户的沟通中，不妨让客户变得强大，让自己变得弱小，这样就能博得客户的同情。具体操作的时候，销售员不妨多谈一下工作多么艰辛，生活多么不容易。事实上，大多数客户都是从最底层做起的，一路走来，经历了太多的辛苦，所以对于销售员的处境会深有体会。当销售员谈起工作和生活的不易的时候，往往会让客户想到从前的自己，从而对销售员产生深深的同情。在同情心的作用之下，客户会有一种帮助销售员就是帮助自己的心理认同。客户在这种心理的促使之下，自然愿意帮助销售员。这样一来，销售员和客户之间就能达成最后的合作。

◆ 多强调和客户之间的缘分，让客户感动

一般能做上公司老板的人，基本上都是心胸豁达，爱交朋友的人。所以，销售员在遭到客户的拒绝之后，不妨多聊点与客户之间的缘分，让客户也觉得生意不成情意在。即使无法合作也可以做朋友的。别害怕找不到和客户之间的缘分，只要你用心找，总会找到很多的巧合。销售员要把这些巧合说成是和客户之间的缘分，当客户也觉得是缘分的时候，就会有和你做朋友的欲望。既然可以做朋友，那么就可以继续留下来和客户沟通。

在不做生意只谈朋友的前提之下，和客户取得了心灵的互动。对于客户来说，如果有机会跟自己熟悉的朋友合作，自然要比跟陌生的人合作更加放心了。所以，销售员不妨多谈一些和客户之间的缘分，来促成合作。

引导客户讲故事，寻找合作的共同点

秦刚是啤酒公司的销售员。

一天，秦刚去一家酒吧推销啤酒。老板见是推销员，便毫不犹豫地拒绝了。秦刚并没有立即走，他要了两瓶饮料，坐下来和老板聊起天来。老板见对方不再要求他购买啤酒，对秦刚也就没有了防备。

在聊天中，老板得知秦刚以前是当兵的，自己恰好也是，而且和他还是在一个地方，只不过是属于不同的部门，所以才没有见过面。老板对秦刚一下子变得分外热情，他们聊了军队的户外训练，军队生活，两人越聊越投机，最后二人都有相见恨晚的感觉。

秦刚在酒吧里待了一个下午，和老板聊了一个下午。在他离开的时候，老板不但要了他的啤酒，而且老板承诺秦刚，以后酒吧的啤酒供应全让秦刚一个人负责。就这样，秦刚不但结交了酒吧的老板，还垄断了酒吧的啤酒供应。

从上面的故事中可以得知，客户有怀旧的心理，对那些刻在内心深处的生活体验是绝对不会忘记的。因为人们对不断涌现的新鲜事物往往会感到不适应，会依托怀旧来寻找一种解脱。所以，销售员要多了解客户过去的生活，激起他们对往事的回忆，让客户在追忆往事的过程中得到心理的满足。

每个人都有怀旧心理，所以，对于销售人员来说，能否引导客户回忆往事直接关系到最终的合作是否能成功。那么，销售员应该如何引导客户回忆往事呢？

◆ 多读书，做好知识储备

销售员在平日里要多读书，多了解一些特殊年代、特殊人群的故事。这样一来，在和客户聊天的过程中，就能有足够的知识和客户沟通，让客户产生一种亲切感。比如你的客户是退伍军人，那么对这段军旅生涯自然是非常地怀念，而销售员在见客户的时候，唱起一首军营的歌，或者是聊起在大雨中坚持集训的情况，往往让客户追忆往事，把销售员当作自己的知己和战友。相反，如果一个销售员对历史知识不了解，对特定时期，特定人群的生活没有认识，当客户聊到高兴处，想要和销售员取得互动的时候，结果销售员一问三不知，或者是答非所问，客户心理会是什么感觉？所以，销售员要多读书，以丰富知识，促进销售。

◆ 多了解客户，引导客户回忆

销售员在拜访客户之前，一定要对客户的过去有个详细的了解。只有了解了客户的过去，才会在和客户的沟通中将客户对往事的情怀调动出来。如果销售员不了解客户的过去，在交谈中就不会刻意谈到客户过去的生活。如果在这个时候，客户不谈，那么销售员基本上没法调起客户的怀旧心理，那么就不能利用客户对往事的回忆来促成合作。所以，销售员在拜访客户之前，一定要对客户有一个详细的了解，要用心去体会客户过去的生活，用心去理解客户对往事的那份情感。

◆ 多仰慕客户，让客户感受到特殊的自豪

销售员在和客户的聊天中，要认真倾听客户的倾诉，感受客户对往事的那份情感。同时也要多仰慕客户的经历和成就，这样就会让客户因为拥有这么一段刻骨铭记的历史而感到自豪和骄傲。比如，当过兵的客户，会对军旅生涯的那段记忆非常深刻。还有一些上了年纪的人，对某个时期的生活念念不忘。所以，销售员在倾听客户的同时，一定要对客户的经历表示出仰慕和向往，让客户为自己有这段经历而感到自豪和骄傲。这样，客户的怀旧心理得到了满足，自然厚爱对那段经历有浓厚兴趣的销售员。自然，销售员就能和客户合作，完成最终的销售目的。

适当满足客户追求时尚的心理

小欧自己开了个流行服饰专卖店。

这天，店里来了两个学生模样的小姑娘，挑来挑去，试穿了好几套衣服，总是感觉不满意。看着她们失望的表情，小欧灵机一动，走过去说："小妹妹，你们想买哪种风格的衣服啊？"

两个小姑娘你望望我，我望望你，没有说话。很显然她们也不知道自己究竟喜欢什么样子的衣服。这时候，小欧拿过两款最新流行的衣服说："你们看看，这两款怎么样，这两款服装和当红明星的服装很相似。"

小姑娘们的脸上顿时有了高兴的表情，她们拿着衣服，前前后后看了个遍，一副爱不释手的样子。小欧说："这种款式很流行的，你们要是喜欢的话，可以试一下啊。"

小姑娘试过衣服之后，付了钱买走了。

从上面的故事中可以了解到，有时候客户对时尚元素很钟爱，会在有意无意间流露出赶时髦的心理。所以销售员要了解和掌握客户的这种心理，适当地给予引导，让客户这种赶时髦的心理得到最大限度的满足。

追求流行，追逐时尚是很多人内心深处的渴望，有些人表现得浓厚一些，有些人隐藏得严实一些。所以，了解和掌握客户的这种心理，对于销售人员来说，显得非常重要。那么到底如何引导客户赶时髦呢？

◆ 及时掌握流行信息

销售员要想引导客户进行时尚消费，首先销售员就要对最新的流行元素有一个大概的了解。销售员可以通过网络、电视以及时尚杂志等媒体获得信息。同时，销售员对一些电视和网络上所办的各种推动流行的活动也要及时关注。当销售员掌握了最新的流行元素之后，在和客户的沟通中，就可以适当引导客户，当客户的这种欲望被充分地调动起来之后，即使商品的质量不怎么好，商品的价格也不怎么合适，客户依然会购买，相对于质量和价格，受别人的关注和羡慕对客户来说更具有诱惑力。

◆ 了解客户的流行需求

尽管销售员掌握了最前沿的流行信息，但是不了解客户需要什么样的流行元素，这对于销售员来说也是个很大的挑战。所以，销售员在和客户沟通的过程中，要尽可能多地了解客户的流行需求。在同一个时间段，流行的元素有很多种，如果销售员不了解客户所喜欢的东西，而一味地介绍自己所喜欢的东西，无疑会引起客户的不满。销售员除了在和客户的交谈中了解客户的消费信息之外，还要认真地观察客户的穿着，或者留意客户喜欢的商品种类，这样就能更加清晰地了解客户真实的流行需求。

◆ 帮助客户做流行消费

有些销售员自己并不明确自己喜欢什么样的流行风格，这就要靠销售员的帮助了。当销售员通过各种途径了解了客户的消费需求之后，一定要引导客户满足其消费需求。很多时候，客户只是记住了某几个相应的流行元素，而对整个流行风格并不了解。这时候，销售员要通过客户所提供的信息，准确地推测出客户真正喜欢的风格。所以，销售员在帮助客户赶时髦的时候，自己要对时髦的东西有所了解，如果销售员自己都不了解，又怎么会介绍给客户呢？因此，销售员要在平时学习的时候，多关注一些与产品有关的流行元素，以备在关键时候帮助客户出谋划策。

第15章　谈判心理，打好与客户的一场心理战

谈判是一场博弈，在这个过程中，双方比拼的就是心理。哪一方稍不留神，就会输得一塌糊涂。所以，作为销售员，有必要掌握一定的谈判心理策略，在维护自己利益的前提下，最大化地从客户身上赚取足够的利润。在客户和销售员谈判过程中，讨价还价是最终达成合作的必经阶级。在这个过程中，如何让客户欢心和满意，又让销售员有足够的利润可以赚取，是关系着销售是否能够正常进行的关键。在讨价还价的过程中，销售员要应用好相应的心理策略，最终达到让客户满意、让销售员高兴的圆满结局。

冷静应对客户的讨价还价

王宁是一位中学老师，在一次朋友聚会中，她看到朋友的妻子穿的一条裙子非常漂亮，于是就有了想要购买的念头。

可是，王宁跑遍了所有的超市和商厦，就是没有发现那样的裙子，这让王宁着实有一些失落。在一次逛商场的时候，无意之中，在一个小服装店找到了梦寐以求的裙子，颜色和款式一模一样。

王宁非常高兴，拿着裙子看了又看，舍不得放下。

王宁问销售员："这条裙子多少钱啊？"

销售员说："300元。"

王宁想了想说："150元吧，你看能不能卖，能卖的话我就拿走，要是不能卖那就算了。"因为她事先听朋友们说过，在这里买东西一定要砍半价。

销售员爽快地说："拿走吧。"

王宁拿着裙子并没有高兴起来，心里老是不踏实。她总觉得销售员那么痛快地把裙子卖给她是因为自己的报价还是太高。是不是这裙子的质量有问题呢？

王宁穿着这条裙子，确实非常漂亮，但是她一点也不开心。

从这个故事中可以了解到，客户在购买商品的时候，砍价后才会有成就感。客户总是觉得销售员会赚取大多数的利润，所以总要想尽办法把利润压低，让自己少花钱。所以，销售员在销售当中，不妨把价钱定高一些，让客户在砍价中满足这种成就感，要让客户觉得你是忍痛割爱，很不情愿地把商品卖给他，让客户觉得占了便宜，这样客户才会高高兴兴地与你合作。

谁的钱都来得不容易，没有哪一个客户不问价钱，不问质量，就可以痛痛快快地购买。所以，销售员要掌握客户的这个心理，在和客户交易的时候，千万不要急于求成，要给客户砍价的机会。销售员在满足客户砍价心理的同时，要注意些什么问题呢？

◆ 最初要价要适当

销售员和客户谈价钱的时候，最初要价一定要适当，不能太高，太高会让客户觉得没法砍价，因为你的要价和对方的出价之间差距实在太大了。当然也不能要价太低，太低在对方的砍价后，不但不会赚到利润，还有可能赔钱。否则客户觉得没砍下去多少，自然满足不了心理需求，从而放弃与销售员合作。所以，销售员在要价的时候一定要注意，不能太高也不能太低，给客户留下一定的砍价空间就可以了。

◆ 和客户讲价钱，不要发生争吵

很多时候，销售员要价太高，让客户花了时间讲价钱，可是价钱讲好了，客户还觉得贵，就会放弃购买。这时候，很多销售员觉得客户在存心找麻烦，于是对客户进行辱骂和攻击。但是，得罪了客户就意味着得罪了市场。所以，销售员在和客户讲价钱的时候，一定要面带微笑，即使对方给的价钱太低了，也不要随便跟客户对抗。

◆ 降价也要循序减退

销售员在和客户讲价钱的时候，要一步一步慢慢来，慢慢地往下降，事实上这也符合客户的心理。让客户觉得这是他的本事，并因此而产生很大的成就感。有的销售员脾气耿直，不喜欢和客户慢慢地讲，而是喜欢一次把价钱说到位，这样做并没有什么不对，只是一下子降这么多，让客户觉得还可以再降，如果降不下去，可能客户就会掉头走掉，就算是买了，也会心存疑虑，觉得吃了大亏。所以，销售员和客户讲价钱的时候，一定要慢慢地降，说不定你出的某一个高价得到了客户的认同，那么就意味着销售员会获得更多的利润。

◆ 为赚取超额利润准备机会

并不是每一位客户都喜欢讨价还价的。生活中，往往有很多人买东西不喜欢为了一点利益纠缠半天，尤其是很多男士，在购买东西的时候不喜欢和销售员讨价还价。所以，对于这部分客户，销售员报价高，就意味着高价成交，意味着能赚取超额利润。尽管这样的人在客户中不是大多数，但是也为数不少，如果销售员报价太低，就意味着白白丢掉了到手的利润，这对销售员来说是极大的损失。

化解矛盾，引导客户促成合作

小曲是北京某汽车销售公司的销售员。

一天早上，店里来了位30岁左右的男士，想要买一款奥迪A4。经过小曲的介绍，客户精心挑选了一辆。

客户问："这辆车最低多少钱卖呢？"

小曲反问道："那您打算多少钱买呢？"

客户说："我最高出30万元，如果超过这个价钱我就不要了。"

小曲："我先请示一下销售经理吧。"

小曲说："经理，一位客户挑选了一辆奥迪A4，对方只出30万元，我记得你说过，这款汽车30万元就可以出售。可是我觉得立即答应客户，会让客户觉得出价高了，吃了亏，不答应的话，又怕客户走了，你看我该怎么办呢？"

经理说："那你就说车已经预定了，问问他可以付多少定金。然后告诉客户带着定金来办理定金交付手续。"

客户回答说："可以付5万元定金。"于是小曲让客户去取定金。20分钟之后，客户带着5万元定金和小曲一起来到了销售办公室。

销售经理开门见山地说："30万元确实有点低，如果是35万元的话，我倒是可以在总经理面前为您争取。"

客户："要是超过31万元，我就不买了，现在我把5万元定金已经带来了，行不行你就给个痛快话吧。"

销售经理："您稍等一下，我和总经理沟通一下。"

说完，销售经理给总经理打了个电话，几分钟之后，销售经理说："总经理说了，最低可以降到33万元，再低了可就没办法成交了。"

刚开始客户坚持以31万元的价格合作。但是由于经理始终不放话，再加上客户非常想买，最后以32万元的价格成交了。

从上面的故事中可以了解到，一切都在变化之中，客户一开始非常坚定，在销售员的引导之下，已经迈出了合作的第一步，当客户迈出了合作的脚步之后，销售员再慢慢地加上苛刻的条件，这样，客户在想要合作的心理作用之下，也会一步步地接受销售员附加的各种条件，从而一步步地引导客户向理想的价位靠近。

当客户有了合作的具体行动之后，一般不会随便放弃。所以，销售员在和客户商谈的时候，要先把矛盾放一边上，引导客户迈出合作的脚步。对于销售员来说，究竟该如何慢慢地引导客户向理想的价位努力呢?

◆ 不要直接拒绝客户

在销售员和客户交谈的时候，客户往往会给出自己认为可以成交的价格，在这个时候，销售员不要直接拒绝客户，即使客户出的价钱已经靠近，或者是超出了销售员可以接受的范围，销售员也不要轻易表态，销售员要找个借口转移话题，让客户觉得还有谈判的可能。客户在这样一个期望的引导下，自然会和销售员继续交谈下去。

◆ 尽量拖延时间

很多时候，客户和销售员交流的时间越长，双方的陌生感就会越淡，更主要的是，客户刚才说的话，现在不一定就会坚持，所以，销售员要尽量拖延和客户的交谈时间，让时间冲淡客户的坚持。当客户和销售员耗费大量的时间交谈之后，就算是销售员最后表态接受不了客户的出价，客户也会因为付出了大量的精力，而适当地提价向销售员妥协。所以，当客户出的价格让销售员没法接受的时候，销售员要尽量和客户拖延时间，消磨客户的意志。

◆ 引导客户迈出合作的第一步

销售员和客户没办法达成合作的时候，销售员要引导客户迈出合作的第一步。事实上客户迈出了第一步之后，希望合作的心情就会大大增强。这时候遇到销售员增加的条件，也会适当地考虑接受。这样，在销售员的引导之下，客户的出价会慢慢地向着理想的价位靠近，当然销售员也要适当地妥协，让客户觉得是在商量，而不是在强迫。这样，就会让客户在原先销售员接受不了的价格之上，增加更多的价钱。

◆ 扮演好“白脸”的角色

当客户觉得销售员附加的价格过高的时候，就会产生想要拒绝合作的念头，这时候销售员要适当地拉出第三方，当然这个第三方要比自己拥有更大的决策权。销售员要扮演好“白脸”的角色，代表客户跟领导谈判。这样客户就会顺着销售员的引导，一步步地妥协。最终选择一个双方都能接受的价格，达成合作。这样一来，客户觉得自己并没有吃亏，而实际上，销售员在一步步地赚取客户更多的钱。

适时沉默，让客户独自思考

景华是办公家具营销公司的销售员，这次他代表公司与客户谈关于采购一千套办公家具的合作。

在谈判桌上，双方对合作的其他事宜都很满意，唯独价格上总是谈不下来。最后对方给出了每套5000元的价格，这个价格仅仅达到了景华所能承受的一半。听到对方的出价之后，景华没有表态，只是静静地沉默着。

十分钟之后，对方的代表坐不住了，又将价格提高到6000元，景华依然什么也没说。

半个小时之后，对方一下将价格加到了9000元一套，这个价格已经达到了公司的要求，景华依然没有说话。事实上这时候，景华本想同意并签合同，可是突然之间肚子一阵绞痛，景华捂着肚子痛苦地低下了头。

对方不知道缘由，以为景华对他们非常失望，对挤牙膏式的谈判感到非常痛苦。随即将价格抬到了每套13000元的价位上，而且表示出，如果再不同意的话，对方将要走人。

这时候，景华强忍着疼痛，面带微笑地和对方的代表握了手，并迅速地签了合同。

从这个故事中可以了解到，适当沉默可以给对方带来一种无形的压力，在这种压力之下，对方明白，已经没有商量的余地，要想合作，只有自己作出牺牲。所以，和客户谈判的时候，销售员要想让客户按着自己的思路走，获得更大的利益，就要学会适当地表示沉默，让客户自己去跟自己较量。

谈判就是人与人之间心理的较量，尤其是销售员和客户之间的谈判，谁在谈判中占据了优势，就意味着获得更多的利益。所以，销售员要学会在谈判中适当沉默，用强大的气场让对方妥协，从而获得更大的利益。但是沉默一定要有个“度”，否则功亏一篑，丢掉合作的机会就得不偿失了。那么销售员到底该如何把握这个“度”呢?

◆ 沉默要有计划，有目的

在进入谈判前，客户要明白沉默所要达到的目的，要有个预案，怎样沉默以及根据对方的反映提出相应的措施。这样一来，就可以根据谈判的进行，适当地表示沉默，让对方捉摸不透谈判代表的心理。而对于销售员这方来说，对方的所作所为，全在预案和计划当中，相当于掌握了对方的所有招式，掌控了对方的心理。客户在谈判代表沉默的压力之下，为了达成合作，就会不断地征求意见。这样，对方抢先说话，在心理上就会处于劣势，就会不断提高自己的标准，来迎合销售员和谈判代表。

◆ 对沉默的时机有个整体的把握

在谈判中，销售员和谈判代表要把握好沉默的时机，在最适合沉默的时候沉默，在不适合沉默的时候千万别沉默，否则不但达不到让对方顺从自己的效果，反而会造成让客户占尽优势的不良后果。所以，把握好沉默的时机非常重要。一般情况下，当谈判的双方出现较大分歧的时候是沉默的最佳时机，这时候，过多的辩解和争吵没有一点意义，反而会伤和气。销售员和谈判代表不妨在这个时候保持沉默，不管对方说什么都不要理睬。你的沉默就是对对方的最好回应，对方在你无形的压力之下，就会想方设法地让你说话。这样，销售方已经占尽了优势。

◆ 要控制好沉默时间的长短

谈判的双方陷入沉默的时候，事实上是彼此之间心理的较量。对于销售员来说，要见好就收，不要无节制地沉默，这样会让客户觉得销售员不愿意合作了，从而放弃了想要继续合作的打算。沉默是为了表达态度，获得更多的利益。在沉默之前，要对对方的承受能力有个清晰的了解，掌握好对对方施加多大的压力。这个与沉默的时间有直接的关系，沉默的时间越久，对方的压力越大。所以，销售员和谈判代表一定要控制好沉默的时间。

◆ 沉默前后要贯穿好

沉默之前，销售员要把自己的态度和意见表达明确，表达清楚，口气要坚定，让对方感受到你的那份坚定和不可否定的气势。在沉默之后，让对方明白没有商量的余地，这样在双方僵持的时候，对方才会有所表达。在用沉默让对方妥协之后，也要表示得低调一些，冷静一些，不要欢呼雀跃，让对方有种战败的感觉，这样对以后的合作没有好处。

慢慢引导，婉言拒绝客户的要求

小王想要给儿子买个生日礼物，但是又不知道究竟买什么东西才算合适。

这天，他在商场里转来转去给儿子找礼物，可找了大半天，也没有找到适合儿子的生日礼物，为此小王不免有些沮丧。

眼看着商场就要关门了，小王非常着急，这时候玩具专柜的销售员热情地招呼说："先生，有什么需要的，过来看看吧。"

在销售员的介绍下，小王给儿子挑了一艘航母模型。

小王问："这个模型多少钱啊？"

销售员："300元。"

小王："这么贵啊，真是太贵了，我看我还是去挑选别的礼物给儿子吧。"

销售员："这个航母很受男孩子喜欢，是最好的生日礼物。不但能开发孩子的智力，在一定程度上，对塑造孩子的性格还有很大的帮助呢。"

或许是销售员的这番话起了作用，也有可能是小王非常喜欢航母，总之他并没有走，他继续问道："能再便宜一下吗？300元确实有点贵。"

销售员："这个航母模型的质量非常好，而且在市里，只有我们一家在卖，这是最后一个了。我看这样吧，我再给你加四节南孚充电电池和一个充电器，你看行吗？"

小王："行，那你给我打包吧。"

从上面的故事中可以了解到，销售员在和客户的谈判中，尽量不要直接拒绝客户。人都有一种心理，当遭到拒绝的时候会很不舒服，而且在心里就会起对抗的念头。所以，当销售员不得不拒绝客户的时候，一定要委婉，尽量不要伤害客户的感情，要引导客户来理解和认可你。

谁也不可能轻易放弃自己的观点，所以，销售员和客户谈判过程中，销售员如果接受不了客户的条件，不妨提出建设性的意见，或者给予附加的优惠，这样不但委婉地拒绝了客户，还向客户表明了自己的诚意。那么，委婉拒绝的方法都有哪些呢？

◆ 适当地用幽默表达话外音

销售员和客户的谈判中，双方势均力敌，互不相让的时候，很容易陷入僵局。这时候，销售员不妨开一个玩笑，或者是说一个笑话，把自己的意愿通过玩笑和笑话暗示给客户。当客户明白了你的意思之后，自然不会再提过分的要求，这样就避免了直接拒绝客户的尴尬。当然用这种方法需要销售员有很强的随机应变的能力和丰富的知识。所以，销售员在平时要多积累知识，学会处理一些棘手的问题，让自己变得聪明、机智，从而更好地应对客户的过分要求。

◆ 用曲线补偿的方式表达妥协

谈判是销售员和客户之间力量的对抗，直接关系着利益的得失。当销售员遇到客户提出的过分要求后，如果不能答应，不要直接拒绝，不妨再开出新的条件，以曲线补偿客户的方式，把你妥协的意思表达出来。一般情况下，客户见销售员有了妥协的意思，也会相应地作出让步。而在双方都让步的情况下，销售员首先提出建设性的妥协策略，客户也不好意思再为难，一般都会接受销售员的意见。所以，销售员在关键时候用曲线补偿的方式来表达妥协的意见非常有必要，而且有时候还起着举足轻重的作用。

◆ 用移花接木的方式表达不满

如果销售员觉得客户提的意见有些过分，没办法接受，不妨采用移花接木的方式来表达自己的不满。比如说："对不起，我们接受不了你的意见，除非我们采用……"当然后面提的这个事情是绝对不可能发生的，否则双方就不可能坐到一起谈判。这样，用不可能的事实来说明客户提的要求有些过分。在事实面前，客户也不好意思再坚持自己的过分要求。所以，销售员在谈判中，觉得没法接受客户的意见和建议的时候，不妨把客户的意见和有违常理的事实结合在一起，用事实的不可能性反过来证明客户所提要求的不合理性。

选对谈判地点，利于发挥自我实力

小刘代表公司去和一个大客户谈一个合作项目。

到了对方的公司之后，客户将小刘带进了公司的会议室。小刘信心百倍，因为这个项目之前一直合作得不错，只不过这次对方想要扩大合作的规模而已。况且，小刘在出发之前，对客户的各项信息都了如指掌，而且做了各种预案，来应对谈判中可能出现的各种突发事件。

谈判很快就开始了。小刘所在的公司觉得合作已久，所以就派了小刘一个人过来。可是客户方似乎对这项谈判非常重视，邀请了好几位公司的大领导参加。

面对几位客户公司的领导，小刘感到信心不足。但是这时候没有其他办法，只有硬着头皮顶着。果然，不出小刘所料，客户不但提出了非常苛刻的合作条件，而且对以前的合作也提出了质疑。尤其是对方的销售经理，直接提出合作的价格要降至以前合作的一半。尽管对方领导没有说话，但是在气势上已经完全占据了优势。

尽管小刘义正严词地表明了自己公司的意见和态度。但是毕竟在对方的地盘上，客户占尽了绝对的心理优势。再加上对方的谈判人员多，气势又强，小刘越来越被动，最后对方以绝对的优势获得了合作，小刘所在的公司做了让步。

从上面的故事中可以了解到，在进行商务谈判的时候，谈判地点非常重要，一般决定方都会有一种客随主愿的心理。这种心理在很大程度上会给予决定方充分的自信。人的自信越充足，在谈判的时候气场就会越强，越能控制对方的心理。从而引导对方顺着自己的意思去走。

在谁的地盘谁就有绝对的发言权，可以控制整个谈判的进程，对谈判的结果有直接的影响作用。所以，销售员和客户谈判的时候，要尽量争取在自己的公司，或者是自己熟悉的地方。那么销售员在谈判之前，如何争取谈判的地点呢？

◆ 以邀请客户参观为名邀请客户到公司和工厂

一般情况下，客户对销售员所在的公司只是了解，而没有实地去考察和了解。所以，销售员以邀请客户前来参观的名义邀请客户到公司或者工厂来，从而为谈判赢得有利的地域因素。客户为了更多地了解产品，了解生产的规模，也会接受销售员的邀请前往。当客户来到公司或者工厂之后，销售员要抓住机会，促使客户在公司或工厂完成合作的谈判，并签下合同。因为在销售方所在的有利地域，对于销售员来说，占尽了心理优势，再加上充足的准备和公司各个方面的支持，销售员在谈判的过程中自然会如鱼得水，谈判的结果自然是销售方获得更多的好处。

◆ 以拜访客户的名义邀请客户到熟悉的地方

按理说，销售员要拜访客户需要到客户的公司去。但是很多时候，客户的工作非常劳累，总是在办公室里进行谈判会产生心理疲劳。所以，销售员完全可以利用拜访客户的名义，提议客户去销售员熟悉的地方进行商谈。这种地方可以是酒吧、咖啡屋、运动场所或者娱乐场所。打着消遣的名义让客户放松戒备。在销售员熟悉的场所，销售员不会心理紧张，再加上销售员时不时地以娱乐休闲为名分散客户的注意力，这样客户对一些细节问题就不会太过关注。对于销售员来说，一切都在掌握之中，最终的谈判结果自然是更加有利于销售员了。

◆ 邀请客户吃饭，将客户约到完全陌生的地方

如果找不到合适的理由将客户约到销售员熟悉的环境里，那么不妨以邀请客户吃饭为由将客户约到完全陌生的环境。尽管完全陌生的环境对销售员和客户都是一样的，但是由于是销售员在邀请客户，所以销售员还是以主人自居，心理上占据着绝对的优势。

适当让步，换取客户妥协的一些条件

肖英是商场内的服装销售员。

这天早上，有两个年轻人前来买衣服。肖英给他们做了介绍，两个小伙子每人选了一套休闲服。

客户甲："我这套衣服多少钱啊？"

肖英："你这套240元，他那套280元。"

客户乙："如果我们两套一起买走的话，能不能便宜一些呢？"

肖英："那你们觉得什么价位合适呢？"

客户甲："两套衣服，500元可以吗？"

肖英："现在做衣服买卖本来利润就薄。要不这样吧，要是你们每人再买一条裤子的话，这两件衣服就可以500元卖给你们。行吗？"

客户乙："那好吧。"

于是，在肖英的引导下，客户又买了两条裤子。

在上面的故事中可以了解到，在谈判过程中，客户要求销售员妥协，作出让步的时候，销售员不要直接地拒绝对方，可以适当地妥协和让步，但是也要要求对方给予一定的回报，在销售员让步的同时，也要让客户给销售员让利。合作是双方相互妥协的结果。为了保障自己的利益不受损害，为了能让合作继续进行，销售员不能白白让步，做出牺牲就要得到回报。

谁都想多得一点好处，客户也有这种心理。所以，销售员在对客户忍让的时候，也要客户付出一定的代价才行，毕竟合作是双方的事情。那么，作为销售员，如何才能在让步的同时，要求客户给予一定的回报呢？

◆ 不要拒绝客户的要求

在销售员和客户的谈判中，往往会在一些涉及现实利益的细节问题上发生分歧。如果双方都据理力争，丝毫不让步，那么势必使谈判陷入僵局。对于客户来说，总是希望少花钱，多得实惠，所以，一般情况下，客户会首先提出要求。对于客户的要求，不管是合理的，还是不合理的，都不要拒绝。适当的妥协才能合作，如果销售员一口回绝了客户的要求，那么就会给客户一种错觉，觉得销售员是绝对不可能再妥协了。这样一来，客户也不会轻易妥协，导致双方的谈判最终破裂。所以，销售员不要轻易地拒绝客户的要求，当然也不能随随便便地答应对方。

◆ 不要主动提让步

当销售员和客户陷入僵局的时候，销售员不要急着为了合作继续而主动提出让步。在双方对抗的时候，谁先说话，谁就陷入被动。如果销售员主动提出让步，虽然合作有可能继续进行，但是要求客户回报的时候，客户绝对不可能答应，因为让步是销售员主动提出来的。客户觉得销售员急切地想要合作，自然不会给相应的回报。这时候，销售员自己提出了让步，又不好再反悔，以免给客户留下不守信用的坏印象。这样，销售员就会让自己陷入两难的境地。所以，销售员不要轻易地主动提出让步。

◆ 让步要有计划、有步骤

销售员在满足客户的要求时，一定要有计划，有步骤地进行。在不断的妥协中，可以适当地观察客户的反映，循序渐进的让步不仅是双方在传递有效的信息，更主要的是销售员可以试探客户的诚心。如果销售员作出让步的决策之后，客户依然没有兑现的意思，那么销售员要及时地停止让步，以防被客户欺骗。所以，对于销售员来说，一步到位的妥协和让步是不科学且不可取的。

坚持底线，销售不可一味妥协

王虎是热水器销售员。这天他去拜访一家装修公司。

见到总经理后，王虎把自己所销售的热水器详细地介绍了一遍。对方对王虎所介绍的产品产生了浓厚的兴趣，不断地向他询问不同款式热水器的功能和价位。王虎也作了细致的回答。双方沟通得非常好。

接下来就是谈合作的事情了。

总经理："你们的产品非常好，我觉得价格方面有些高。能不能在你开出的价格上再降低2个点呢？"

王虎："我们的价格很合理，毕竟我们产品的质量是同类产品中最好的。不过，如果能长期合作，也是可以考虑的。"

总经理："那真是太好了。"

王虎："如果觉得没问题的话，我们签一下合作合同吧。"

总经理："行，没问题。但是还有个小问题，发货的运费由谁付呢？"

王虎："运费是由客户承担的，我们不承担运费。"

总经理："我们以前合作的企业都承担运费的，你们不承担费用，我看我们的合作还需要沟通。"

王虎："运费我们无论如何也不能承担，毕竟给你们的价格已经很低了。"

从上面的故事中可以了解到，客户在和销售员的谈判中总是想方设法地获得更多的利益，销售员为了能达成合作，会一步一步地妥协，尽可能多给客户便利。但是在妥协的时候，一定要紧扣"底线"，不能为了合作，妥协得超越"底线"，给公司造成损失。销售员适当地考虑公司的接受能力，能满足客户的需求就要满足，如果不能满足，就要学会拒绝。

在谈判中，如果销售员不会妥协，就会丢掉客户，但是一味妥协，就会让公司蒙受损失。所以，销售员在谈判的时候会把握“底线”非常重要。那么，销售员到底如何做才能在给予客户便利的同时，紧扣“底线”呢？

◆ 采用避重就轻的策略

在谈判的时候，一些客户总是一再提出各种各样的要求，以此来给销售员施加压力，从而获得更多的利益。这时候，销售员不妨采用避重就轻的策略，避开客户所提的要求，在一些无关紧要的条件上作出让步，让客户满足占便宜的心理。在让步之前，要一再强调这些条件对销售员来说多么的重要，给客户造成销售员非常在意和关注这些条件的感觉。这样即使让步了，也不会损失实质的利益，而且避免了拒绝客户带来的尴尬。

◆ 采用虚设领导的策略

有时候客户提的要求非常苛刻，销售员不妨给自己虚设一个领导，把决定权推给这个虚设的领导，这样，客户知道为难销售员也不会有什么结果，自然不会再提要求。销售员自己要明白，自己有这个决定权，千万不要把决定权真的推给领导，以免客户绕过销售员直接找领导。这样一来，不但给领导带来了麻烦，让领导觉得销售员办事拖泥带水，而且还会丢掉单子，徒劳无功。

◆ 采用反悔的策略

有些时候，销售员已经妥协让步到“底线”了，可是客户还是一个劲地软磨硬泡，非要让销售员做出更大的牺牲才愿意合作。遇到这种情况，销售员不妨请同事帮忙，以领导的身份出现在对方面前，直接开门见山地告诉客户，由于销售员没有经验，一些费用没有算上，实际的价格在原来的基础之上还要多几个点，这样客户会大发脾气，但是最终却能达成合作。尽管价格没有上调，但是也打消了客户继续提出苛刻条件的想法。当然这个策略不能随便乱用，要在销售员和客户合作的“底线”之上，客户一再纠缠的情况下才会见效，如果应用不当，不但起不到相应的作用，还会因此而丢掉客户。

暴露弱点，给客户“稳操胜券”的感觉

刘丹是灯具销售员。一大早，店里来了两位客户，刘丹热情地迎了上去，经过询问，刘丹给他们介绍了两款非常漂亮的灯。客户也非常满意。但是在价格的谈判上却陷入了僵局。

刘丹：“这两款灯是刚上市的新款式，每一款进价就需要450元呢。”

客户：“款式和功能都非常不错，但是价钱确实有点贵。类似的灯具只需要300元一盏就可以买下了，你这里要500元，我们有点接受不了。”

刘丹：“那你们觉得多少钱合适呢？”

客户：“400元一盏吧，如果觉得可以我们就买走了。”

刘丹：“400元一盏是肯定不行的，我们的进价都要450元呢，这样吧，看你们也是真心喜欢，那就450元卖给你们吧，好歹不能让我赔本啊。”

客户没有再反驳，思考了一下，点了点头。

从上面的故事中可以了解到，销售员的成功不是把商品推销出去，而是在合作中，让客户觉得自己占了大便宜，是谈判的赢家。这样，当客户离开的时候，双方都感觉心情很愉悦。这样的合作，才是最成功的合作。

在和销售员的谈判中，客户只有觉得自己占了便宜，才会继续和销售员合作。所以，对于销售员来说，如何让客户在合作中心满意足，而自己又稳赚利润就显得尤其重要。那么，销售员到底该如何做，才能让客户在合作中觉得自己是大赢家呢？

◆ 巧妙利用折中法

很多时候销售员报出卖价，客户报出买价，往往最终成交的价格是在折中的点上。比如，销售员报价是80元，而客户出价是60元，那么交易的价格基本上是在70元。大多数时候，销售员明白，自己一定要把价钱讲下来，这样自己才不会吃亏。同样客户也明白，让销售员吃亏合作是根本不可能的事情。对于销售员来说，不让客户讲价钱，客户有了吃亏的感觉，自然不会合作，而自己降价太多，就没有多少利润可赚，根本没办法交易。所以，在双方各作出让步的情况下，折中的价格是最合适的交易价格。销售员在报价的时候，要对客户的出价有个大概的估计，假设客户会用折中法交易，预留足够的利润空间。

◆ 用形体动作表达情绪

对于客户来说，自己看到的往往比听到的更加可信，所以，对于销售员的表情变化和肢体动作更加相信。当客户给出的价钱太低的时候，销售员要适当地用表情和肢体动作来表达惊讶和不可理解的情绪，给客户施加压力，让客户自己觉得报出的价格实在不合适。当客户觉得自己出的价钱太低的时候就会主动地加价，从而使最终的交易价格接近销售员预想的价格。在利用形体动作表达情绪的时候，要把握好时机，同时在让客户加价的时候也要有个限度，不要让客户有吃了大亏的感觉。

◆ 表达降价的艰难

当客户报出低价，要求销售员降价的时候，销售员不要立刻降低价钱。这时候，不妨强调各种客观因素，表达出自己非常困难，每一次降价都是承受着巨大的痛苦，是在万不得已的情况下挥泪降下来的。这样一来，不但让客户觉得这么艰难的情况下，还是把价格讲下来了，自己占了大便宜，同时也给客户压力，不好意思再讲价。客户觉得占了便宜，心理得到了满足，销售员得到了足够的利润，最终达成合作，实现了双赢。

第16章 心理运用，赢得客户的信任和喜欢

在销售中，客户的心理变化莫测，如果销售员不能随时满足客户不断变化的心理需求，那么将意味着销售最终会失败。对于销售员来说，掌握销售中几个基本的心理效应，可以帮助销售员说服客户，获得客户的青睐和认可。销售员学会和应用这些心理策略，不但能激励自己，还能成功地征服客户。

踢猫效应，别把坏情绪传染给客户

销售经理王女士大清早因为一件小事和老公发生了激烈的争吵。回到公司后她越想越生气，这时候助理拿着这个月的销售报表前来征求王女士的意见。王女士看这个月的销售业绩不是很好，不问青红皂白，劈头盖脸地把助理骂了一顿。

助理出去后，觉得特别委屈，这个月的销售业绩比上个月还要好，反而挨了训。于是她把销售员小月叫进了办公室训斥了一顿。小月无缘无故挨了骂，正在气头上的时候，一位客户打电话来询问产品的价格。小月接了电话，本想好好和顾客沟通，可是刚说了两句，小月就对客户吼了起来。

后果可想而知。小月丢掉了努力好几个月才做下来的一位大客户。

从上面的故事中可以了解到，人的情绪是会相互传染的。当一个人心情不好的时候，就会沿着社会关系的强弱依次传递，等级社会关系最底端的那个人就是最后的受害者。这就是踢猫效应。销售员在平时要注意调节自己的情绪，不要做情绪的污染源，去污染客户的情绪，影响客户工作和生活的心情。

生活中的每个人都有开心和不开心的时候，销售员作为客户的服务者，承受的压力大，心情时不时地受到各种因素的影响，伤心失望是难免的事情，在和客户沟通的时候，尽量把自己的心理情绪调整到最佳状态。那么，销售员在遇到不开心的事的时候到底该如何调整自己的心态呢？

◆ 转变思维，认识挫折和失败的价值

生活中，当一个人遭到别人的拒绝之后，内心往往会很受伤，销售员也是一样的。在遭到客户的拒绝之后，往往会有很大的心理落差。事实上，销售员如果能转变思考问题的角度，就不会再为遭到别人的拒绝而难受了。只有在经受了无数次的挫折和失败之后，才能变得更加成熟。所以，你在销售过程中遭受的打击和失败只不过是促使你成长的条件，没有这些艰难，你永远都不可能成为一名成熟的销售员。因此，面对客户的拒绝和无理取闹，销售员要坦然地面对，愉快地接受，感谢客户帮助你变得成熟和强大。

◆ 不断学习，让自己进步

很多时候，销售员之所以失败，是因为对自己没有信心。所以，在不断自我激励的同时，还要加强对业务知识的学习，让自己变得更加专业。客户之所以想要与你合作，是因为你能给客户带来利润，如果你连自己销售的产品都不熟悉，客户怎么放心与你合作呢？所以销售员要不断地加强自身的学习，用自己不断高涨的业务量来增强自己的信心。人之所以灰心，是因为看不到希望，当你接二连三地与客户达成合作，销售量不断增长的时候，就会看到希望，就会有信心，就不会沮丧和灰心了。所以，销售员不要动不动就抱怨客户和公司，要从自身找问题。当自己变得足够强大的时候，所有的困难都会变得非常渺小了。

◆ 多和成熟的销售员交流，让积极的情绪感染自己

悲伤的情绪会互相传染，同样积极的情绪也会互相影响。当销售员因

为业绩上不去而情绪不好的时候，多与公司的老销售员交流和沟通，多学习对方的经验和技巧。同时，对方的积极情绪也会影响和激励你，从而让你变得更加积极。所以，销售员要学会让自己处于一个良好的工作情绪当中，只有心情好了，在工作中才会有足够的热情，才能集中注意力去面对产品和客户。

◆ 随时调整自己的情绪，以免影响合作

任何一个客户都不希望看到一个满脸怨气的销售员。因为你的悲伤情绪会影响客户的心情。相反，一个积极开朗的销售员往往会让客户感觉心情舒畅。所以，如果销售员心情不好，在拜访客户前，一定要强迫自己大笑，从而将自己的心情迅速调整到最佳状态。当你微笑着敲开客户的门时，也就敲开了合作的大门。

军令状效应，给予客户足够的信心

肖文是一名汽车销售员，但是三个月眼看就要过去了，他却没有卖出去过一辆汽车。这天，当他出去拜访客户之前，经理对他说："你已经上班三个月了，可是连一个单子都没有，你说该怎么办呢？"

肖文："经理，我知道公司的规定，如果在明天早上太阳升起之前，我依旧签不了单子的话，我自动辞职。"

肖文费了九牛二虎之力，最终还是没有拿下客户。眼看这一天就要过去了，肖文非常着急，如果在明天太阳升起之前没有单子的话，意味着自己将会丢掉工作。"无论如何也要拿到一个单子。"肖文在暗暗告诫自己。

万般无奈之际，他想起了以前的一个老业务员说过的话，如果没有其他办法拿下客户，那么就要死缠，于是肖文来到了一位客户的办公室门口，等了整整三个小时。当客户下班时，打开门看到肖文一愣，二话没说，转身走了，把肖文一个人留在了那里。

但是肖文没有退却，依旧等在那里，一个晚上肖文始终没有离开过半步。第二天早上，当前来上班的客户看到一脸倦意的肖文后，非常吃惊，随后把他叫进了办公室。

肖文说："我整整三个月没有单子了，昨天是最后一天，要是再不出业绩的话，我就要丢掉工作了，您就帮帮我吧。"

客户沉思了片刻，对肖文所代理的汽车又进行了一番询问，随后下了单子。就这样，肖文凭着提着脑袋干事情的狠劲，拿下了客户，保住了工作。

从上面的故事中可以了解到，每个人都有惰性，要是环境允许，都不会置之死地而后生。销售员谈不下客户，基本上都是销售员没有提着脑袋做事情的狠劲和决心。所以，销售员在做客户之前，一定要有足够的信心和坚定不移的决心。

人是逼出来的。作为销售员要让自己背负一定的压力，要在这种压力的逼迫下，最大限度地激发自己的潜力，坚定自己的信心。那么，在销售当中，销售员要注意哪些事情呢？

◆ 设定的目标要有可实现性

销售员在给自己设定目标的时候，要对自己的能力有个准确的定位，设定的目标要有可实现性。比如说你现在的业绩是每个月10万元，设定目标的时候，可以定在20万元或者30万元，切不可一下子给自己定100万元。20万元或者30万元是拼尽全力有可能实现的目标，而从10万元一下子跳到100万元，是无论如何也实现不了的，不切实际的目标是注定不可能实现的。这样，不但不能激发销售员的潜力，还对销售员的信心造成伤害。对于一名销售员来说，没有足够的自信是非常可怕的。所以，销售员在制定目标的时候，一定要切合实际。

◆ 不要轻易动摇自己的信念

销售员在制定了目标之后，不要轻易地动摇。销售员在挑战自己的时候，本身就是克服各种困难的过程。如果一遇到困难就动摇信念，怀疑自己，那么这样的销售员终究是个业绩平平的人，甚至还有被淘汰出局的可能。在遇到困难之后，销售员要想尽一切办法克服困难，成功与失败往往就在一念之间。所以，销售员不要轻易动摇自己，怀疑自己。对于销售员来说，要想挑战自己的极限，坚定信念非常重要。

◆ 不要给自己找任何的借口

很多时候，一些销售员在遇到棘手的问题时，就会给自己找借口来拖延和放弃。比如，客户太刁钻，太挑剔，实在难做。竞争对手的产品质量更好，价格更便宜等。事实上，产品的质量和价格基本上没有多大的差距，关键就要看销售员有没有耐心和决心来与客户谈判和沟通。所以，销售员不管遇到什么困难，一定不要给自己找借口，当意识到自己无路可退的时候，就只能前进。这样，销售员才会丢掉顾虑，勇往直前地挑战自己，最大限度地激发自己的潜力，完成不可能完成的业绩，破釜沉舟的勇气对销售员来说非常重要。

登门槛效应，循序渐进化解客户的疑虑

小金是保险公司的业务员。

这天，小金去小区开发客户。他没有穿职业套装，而是穿着随便。不一会儿，他和下楼散步的王大妈聊了起来。一开始拉家常，聊到了儿女，最终聊到了老人的赡养。当小金跟王大妈聊起保险的时候，王大妈表示没有买的想法。由于一开始小金和王大妈聊得很投机，所以王大妈也不好意

思立即走开。

随后小金在向王大妈介绍保险的好处的过程中，慢慢地让大妈对保险有了全面的认识，同时，王大妈对小金建立起了信任。就这样，王大妈最终在小金的帮助下，给自己买了2万元的保险。

从上面的故事中我们可以了解到，客户对一些自己不认同的东西防备心极强。要想攻破这层堡垒，就要利用登门槛效应，层层剥离，让客户在不知不觉中接受和认同销售员的价值体系和理念。一般情况下，客户第一次接受之后，就不好意思再拒绝。所以，销售员在一开始接触客户的时候，要从一些简单的认同开始，慢慢地消除客户的防备心理。

由于先入为主的心理取向，客户在受产品的负面影响之后，就会对产品和服务产生一些敌意或者对抗的情绪。这时候，如何化解客户的敌意，让客户认同你的产品和服务对于销售员来说非常重要。作为销售员如何用登门槛效应化解客户的误解和敌意呢?

◆ 给客户留下美好的第一印象

一般情况下，人在最初几秒钟之内，会对接触的人或者事有个基本的喜好倾向。对于第一感觉良好的人自然愿意多接触，多了解。对于第一印象不好的人，从内心深处就会抵触。销售员在接触客户的时候，一定要想方设法给客户留下良好的第一印象。这是继续接触客户的前提。所以销售员在拜访客户时，一定要穿得整齐干净，和客户交流的时候不要太强势，要有很好的亲和力。让客户在轻松自如的环境中和你交流。

◆ 引导客户建立最初的认可和顺从

由于客户对产品和服务存在误解，所以会对销售员的推销产生抵触的情绪。销售员在和客户接触的时候，要先从生活中的话题入手。任何客户都不会拒绝他人友善地交谈。销售员要学会和客户拉家常，聊生活。在和客户的交流中建立信任，软化客户的抵触心理。客户内心对销售员不排斥了，才会试着去了解产品和服务。事实上，当客户想要了解产品和服务时，就意味着客户对产品的误会会很快化解。化解了误会，客户和销售员之间的合作也就是水到渠成的事。所以，销售员在和客户接触中，要建立最初的认可和顺从，让客户在这种认可和顺从之下，慢慢地接受销售员，接受产品。

◆ 要层层递进，不要急于求成

很多销售员发现客户很抵触他们所推销的产品后，非常着急，不管客户喜欢还是不喜欢，非要缠着客户，逼着客户合作。这样一来，往往让客户非常反感，不但不会与你合作，反而会把对产品和服务的抵触，牵连到对销售员的抵触上，造成客户拒绝和销售员接触和交流。给原本就不好做的产品推销增加了难度。所以，销售员在说服客户的时候，一定要尊重客户的情感需要。销售员在和客户合作之前，要层层递进，慢慢地接触客户的内心，不要急于求成。避免引起客户的反感，和客户发生对抗。

三分之一效应，巧妙掌握交易的时机

王伦在外地上大学，这次回家，想给爸爸妈妈买衣服，以表孝心。

星期天早晨，他来到服装街精心为父母挑衣服。当他走进第一家店后，看上了一件棉衣，非常适合母亲穿，但是他并没有买，他觉得应该有比这个更好的。于是他又来到了第二家店，正如王伦所料，第二家店里确实有一件棉衣，和第一家店里的那件很相似，而且质量似乎更好。但是王伦也没有买，而是进到第三家店……

就这样，王伦一直走到了第十家店，有些店里的衣服比前面看过的好，有些店里的衣服却不如前家。等王伦走到第十家店的时候，实在走不动了，就买了那家的一件棉衣。事实上这件棉衣并不是最好的，甚至还不如之前看过的。

从上面的故事中可以了解，客户在购买商品的时候，尽管想购买物美价廉的商品，但是最终购买的并不是质量最好，价格最优的。客户都有一种心理，觉得货比三家，还有更好的，更加优秀的。在这种心理作用之下，往往会错过质量最好、价格最便宜、最适合购买的那件商品。在1/3处客户处于疲惫区，处于内心防御的软区，处于最渴望交易区。所以，销售员把握住了与客户合作的1/3处，就把握住了整个合作。

销售员在拜访客户的时候，要适应客户货比三家的这种心理，要选择在客户疲劳的时候，选择客户购买选择的1/3处。那么，销售员在利用客户购买选择的1/3处成交的时候，应该注意哪些问题呢？

◆ 要选择时间的1/3处

一般情况下，客户在一开始选择的时候，精力非常旺盛，所以，总想了解，多选择。这时候，客户不会选择购买和合作。对于销售员来说，要避开客户的精力旺盛期，拜访客户的时候，要选择一天的1/3处，一周的1/3处。这时候，客户经过很长时间的选择心理处于疲惫期，也是客户接待销售员的疲惫期，对销售员的心理防御最弱的时候，是最适合交易和合作的时候。很多经验丰富的销售员选择在下午3、4点的时候拜访客户，选择在周三和周四拜访客户，正是利用了客户的这种疲惫心里，把握住了客户急于交易和合作的心理，最终达成了合作。所以，销售员在拜访客户的时候，一定要把握好1/3处，从而降低合作的难度，增加合作的成功率。

◆ 要选择地点的1/3处

销售员在拜访客户的时候，除了选择在时间的1/3处外，还要选择在地点的1/3处。这样一来，当客户在选择的过程中，到达1/3处时，刚好身心疲惫，这时候，就算产品的质量不是最好的，价格不是最低的，甚至商品的款式和色泽不是最好的，客户也会选择购买。所以，一些精明的商家在开店的时候，并不选择在街头或街尾，也不选择整条街的正中央，而是选择在整条街的1/3处，正是整体考虑了客户选择的心理误区，把握了客户身心承受能力，从而成功地获得了客户的青睐。所以，对于一些销售员和商家来说，更要学会在1/3处开店，在1/3处迎接客户，让客户在商家所设置的1/3处成交。

◆ 要选择销售的1/3处

客户在和销售员谈判的过程中，客户会对商品选择了解，然后谈判，最终达成合作。在这个销售过程中，关键之处也正是销售过程中的1/3处，这个时候正是客户和销售员谈价钱的时候。事实上，销售是否能够成功，关键就在谈判阶段，如果价钱谈合适了，合作自然会成功。所以，很多商家和销售员在和客户的沟通和交流中，并不是一开始就打算交易，而是等待在合作过程的1/3处，才报出价钱，和客户在价格上博弈。事实上这个时候客户已经选择了产品，花了心思了解和认可商品，对于价格的略高和略低也不会太过计较。对于销售员和商家来说，不要在客户一走上来就希望着合作，希望着交易，要给客户选择和了解的时间，要把握好客户购买的1/3处。

沸腾效应，用耐心获取最关键的1℃

小华是电脑公司的店面销售员。

一天早上，店里来了两个年轻的小伙子，表示想要购买电脑。于是小华给他们介绍了几款功能和款式都非常不错的电脑。小伙子在几款电脑中间看了又看，选了又选，而且向小华询问了很多相关的信息。

但是，两个小时过去了，他们依然没有决定购买，小华非常着急。再这么下去，不但会浪费大量时间，而且照顾不到其他客人，可能使潜在客户流失。果然不出小华所料，小伙子犹豫了半天，也没有决定买还是不买，到底买哪一款，最后表示改天再买。

小华见状，急忙指着其中的一款电脑说：“要不买这一款吧，这款电脑是最新产品的，内存很大，而且保修期也长，非常适合年轻人使用。”

小伙子停住了脚步，想了想，随后让小华开了票，购买了小华介绍的那款电脑。

从上面的故事中可以了解到，客户在购买商品的时候，往往会拿不定主意。这时候，销售员的劝解往往能促使客户做出决定。对于客户来说，买与不买各占一半的比例，销售员的劝解无疑增加了客户购买的心理倾向。所以，在客户犹豫不决的时候，销售员要适当将客户的购买热情再激发一度，帮助客户做出最终决定。事实上，合作与否，往往在一念之间。

客户虽然有兴趣，但是却没有做最后的决定，这时候，就需要销售员再添一把火，将客户的热情再激发1℃，也许就能促使客户成功消费。作为销售员，在激发客户的时候要注意哪些方面呢?

◆ 了解客户的购买用途

很多时候，客户对急需要的商品，购买的热情很高，对一些即将要用的商品，购买的热情就会大大降低。而且距离使用商品的时间越长，购买的热情越低。所以，销售员在和客户的沟通中，一定要了解客户购买商品的用途，是现在用还是将来用，是必须要消费，还是可暂缓消费。了解了客户的这些购买信息，就能掌握客户购买商品的心理。比如，客户想要购买电热水器，是因为感觉煤气热水器用起来很不方便，而且房子要装修改造，暂时用不着。当销售员了解了客户的这些信息之后，明白客户的热情并不是很高，就要对症下药，告诉客户早做准备，早点购买，以免时间来不及等，将客户的购买热情再激发一度。当客户认可销售员所说的道理之后，就会大大地增加购买欲望。

◆ 多强调购买的好处

客户购买的热情不高，是因为对于客户来说商品没有激发他浓厚的兴趣，所以，对于销售员来说，这时候的任务就是不断地向客户介绍商品的各种功能和优势，吸引客户的注意力。客户关注商品，说明客户有这个消费需求。所以，销售员将客户的兴趣再激发1℃，对促使客户购买有着非常重要的意义。当然，销售员在介绍商品的功能和优势的时候，一定要实事求是，切不可夸大其词。所以，销售员在推销商品的时候本着为客户服务的理念，在激发客户热情的同时，要以事实为依据。

品牌效应，消除客户对产品的顾虑

胡晓媛是海尔公司的一名手机销售员。

这天，她去拜访一家大型商场的业务经理，想要在商场内设立一个海尔手机的专柜。见了客户之后，胡晓媛开始介绍海尔手机的各项功能和特点以及合作的各种优惠政策。业务经理默不作声地坐在一边。看着业务经理一脸茫然的样子，胡晓媛开门见山地问："经理，你对我们的手机不感兴趣吗？"

经理说："我知道海尔是非常有名的企业，尤其是海尔冰箱，享誉全球。可是海尔似乎在手机这一领域的研发力度并不大，不知道质量究竟怎么样？而且市场占有率也不是太高，恐怕在商场内设专柜有一定的困难。"

胡晓媛："经理既然知道海尔的冰箱质量非常好，享誉全球，那么对海尔手机的质量大可放心，我们企业对手机质量的把关和对冰箱质量的把关是一样严格的。海尔手机这一领域开发的时间并不长，但是在短时间内迅速地在业界占领了一席之地，说明我们的手机还是受客户欢迎的。”

经理：“你说的也有一定的道理。不过在商场内开设手机专柜，以前从来没有这样的先例。”

胡晓媛：“要不这样吧，我们可以试着合作，先试营业三个月，如果效果不好再撤掉，您看行吗？”

经理：“好，我看这样的合作方式可行。我们先签三个月的试营合同。”

从上面的故事中可以了解到，人对一件东西的感觉良好，就会对相关的东西产生信任，并且深信不疑，这就是所谓的品牌效应。在品牌效应的作用下，如果客户认可一个品牌，就会认可该品牌下的所有产品。这就是为什么很多企业想方设法地维护自己的品牌，维护企业的声誉。

客户对认可的商品有很强的好感，这种好感会涉及商品相关的其他商品，进而认可与商品有关系的一切，即爱屋及乌。如果销售员在和客户的合作当中能够将自己所销售的产品和客户认可的产品拉上关系，那么无疑会推动合作的进行。作为销售员，如何利用品牌效应让客户爱屋及乌呢？

◆ 千方百计地打好自己的品牌

对于一个企业来说，良好的品牌无疑是业务合作的敲门砖，一个品牌的确立需要企业下大力气在产品的质量上做文章。当一个企业拥有良好的品牌之后，意味着这个品牌下的产品质量是可靠的，是值得信赖的。这样，如果新开发的一个产品烙上企业的品牌，就可以利用品牌效应迅速地走向市场。对于企业来说，一定要想方设法地打好自己的品牌，以信得过的质量和良好的服务来赢得客户的信任，让客户满意。

◆ 与有声誉的产品或企业拉上关系

客户选择商品的时候，都有品牌效应，都会选择自己熟悉和信得过的商品，即使是新上市的商品，也会选择了解多一些的。而实际上，商品日新月异，客户都选择自己了解和熟识的商品来消费也是不可能的。所以，销售员要想尽一切办法让客户对商品有种亲近感和熟识感。所以，销售员在给客户介绍产品的时候，要尽可能与有声誉的产品或企业拉上关系，一般有声誉的产品和企业都是客户信得过的，是经历了市场考验的。和它们拉上关系，自然会给商品带来意想不到的知名度，大大增强客户的认可和信赖。事实上，客户的认可和信赖是商品生存下去的基本保障。

◆ 和企业的优点看齐

一个企业能在市场上立足，能获得消费者的认可和支持，自然有它的理由。所以，销售员在推销企业产品的时候，一定要了解企业的优势和特点。往往这些优势和特点会成为客户选择与销售员合作的关键。因为这些优势和特点是企业用实实在在的努力换回来的，是得到客户的认可和肯定的。打着这样的旗号，会让客户对销售员所推销的产品产生好感，产生信赖，从而选择合作。所以，销售员在和客户的谈判中，要多引导客户向企业的优点看齐。

第17章 注重细节，让客户感受无所不在的真情

在很多时候，细微之处见真情。在一些微不足道的地方，销售员的细心关怀，往往能让客户很受感动。所以，销售员一定要注意销售过程中的细节问题。让客户在销售员的细微之处感受到那份真情。

记住重要日子，让客户感受到被重视

小刘是王氏塑胶的销售员，最近她一直在联系一个大客户，可是接触了好几个月，对方始终没有给他们下单。同时，小刘得知他们的竞争对手也在拼命地抢这个单子，为此，小刘非常着急。

快到下班时间了，小刘给客户王主任打了个电话。

王主任："你好。"

小刘："王主任，您好，我是王氏塑钢的小刘，祝您生日快乐啊。"

王主任："什么？祝我生日快乐？难道今天是我的生日啊？"

小刘："是啊，王主任，今天就是您的生日，祝您生日快乐。"

王主任："噢，我真是忙糊涂了，连自己的生日都不记得了，谢谢你的祝福，难得你还记得我的生日。"

小刘："应该的，应该的，您可是我的'上帝'啊。"

王主任："你太客气了。你这么关注客户，想必你不会不关注客户的利益。这样吧，我们的这个单子就给你们做了。你明天过来签一下合同吧。"

小刘："实在是太好了，王主任，谢谢您了。"

王主任："不客气，那明天见。"

小刘："明天见。"

从这个故事中可以了解到，记住客户的重要日子，是获得客户信赖的好方法，也是获得合作的有效途径。每个人都希望被重视，客户也不例外。所以，当销售员记住客户的重要日子，给予合适的祝福和问候时，会让客户感觉受到了重视和尊重。客户自然会和销售员合作。

记住客户的重要日子，让客户感受到那份关怀和温暖，很多时候，这份关怀和温暖会转化成客户的回报和感恩。所以，销售员在和客户交往的过程中，一定要记住客户的重要日子，用祝福赢得客户的心。那么，销售员需要记住客户的哪些重要日子呢？

◆ 客户及其家属的生日

一般情况下，人对自己的生日是非常在意的。而且生日一般都是关系比较亲密的人才会知道。如果有人在你生日的那天送上祝福，那么你一定会觉得对方很关心你，很重视你，自然会把对方当成非常要好的朋友。同样，如果在客户生日那天，销售员能送上一份祝福的话，客户一定会非常地高兴，会把销售员当朋友来看。既然客户接受了你的祝福和关心，那么对于客户来说势必会有感恩的心理，最好回报销售员的方式便是合作。当然销售员在记住客户生日的同时，也不要忽略客户家属的生日。往往关注客户的家属比关注客户更能让客户感动。

◆ 值得庆贺的特殊日子

每个人的生活中都有值得庆贺的事情发生，在这些日子里，如果能受到他人的庆贺将是件非常高兴的事情。所以，销售员在和客户的沟通中，一定要尽可能多地了解客户的信息，了解客户的生活，以便准确地掌握客户生活中所发生的值得庆贺的大事，比如结婚、孩子满月，儿女考入大学等。了解具体的日子，然后及时地给予客户祝愿。一般的情况下，销售员的心思都不会白花，客户得到了关注，受到了尊重，自然会用实际行动来回报你。表达的时候可以打电话也可以发短信，只要把这份情谊表达出来就可以了。

守护秘密，做客户信任的伙伴

小璐是个非常优秀的销售员，她的业绩常常是公司销售团队中最好的。但是她有一个坏毛病，那就是嘴巴不牢靠，老爱把别人的秘密不经意间说出来，因此失去了很多朋友。这一次，她又犯了这个毛病，结果丢掉了一笔很大的单子。

原来，这个客户小璐一直都做不下来。有一次，在她前去拜访客户的时候，不巧碰到客户正和一个中年男人吵架。当那个男人看到小璐之后，转身走了，客户委屈地坐在一边掉眼泪。小璐自然走上前去安慰对方。那天她们聊了很多，后来对方将单子交给了小璐做。

后来，小璐无意中竟然把客户的秘密说了出来。说者无心，听者有意。同事小黄把这事记在了心里。当小璐高高兴兴地带着合同去找客户的时候，却被对方赶了出来。原来小黄来抢单子，客户不愿意，小黄就拿客户的秘密出来嘲笑客户，让客户受了羞辱。

小璐知道原因之后，非常懊悔。

从上面的故事中可以了解到，人与人之间的秘密要共同维护，这样才会彼此信任，才会有合作。如果彼此之间没有足够的信任，就不会有合作。销售员和客户之间彼此信任是合作的基础，所以，作为销售员一定要替客户保守秘密。

◆ 客户的信息不要随便向别人泄漏

对于和客户合作的销售员来说，客户的信息非常重要，知道得越多才会越了解客户，才更可能获得客户的青睐。这些信息对竞争对手来说也一样重要。所以，站在销售员的立场上来考虑，要保护好这部分信息。就算是同事之间也不要轻易泄漏，尤其是客户的姓名和电话等一切用于联系的资料。这部分资料如果被同事知道，就有可能造成同事之间的恶性竞争。

信息一泄漏，各种可能性都会有，无形之中增加了工作的难度和压力。对于客户来说，没完没了的业务电话也会给客户带来不便。所以，销售员一定要保护好客户的基本信息，不要随便泄漏给他人。

◆ 客户的私人问题不向任何人谈起

销售员在频繁地接触客户当中，难免会了解到很多客户的私人问题。这些问题就会成为客户和销售员之间的秘密。本着对客户的尊重，销售员要替客户保密。就算是客户不愿意与销售员合作，销售员也要替客户保密。现在不合作不能说以后不合作。在人品上赢得客户也是俘获客户心的一种方式。切不可以私事要挟客户。这样不但不道德，而且不合法。除此之外，很多销售员在和客户的接触当中，慢慢地成为客户的朋友，自然会和客户谈一些私人生活的问题。这是客户对销售员产生绝对信任的前提。销售员要保护好客户的隐私，让客户在心理上感觉和销售员交往合作是安全的。事实上，保护了客户的隐私也就保护了彼此之间的长久合作。

◆ 客户公司的机密不要轻易告诉人

很多时候，客户和销售员合作之后，为了增加彼此的信任和透明度，客户会将公司的很多商业机密告诉销售员，以求取得更好的合作。所以，销售员一定要管好自己的嘴巴，不要把客户公司的商业机密告诉他人。

尊重客户，让对方先挂电话

胡雪是爱华广告公司的销售员，平日里客户特别多，业务非常忙。但是最近她发现很多客户谈得很不错，但是在签合同的时候都反悔了。这让胡雪有些不解。

这天早上，她又拨通了潜在客户张厂长的电话。

张厂长："你好。"

胡雪："张厂长，您好，我是爱华广告的胡雪，您上次说约我谈合作的事，您什么时间方便啊？是今天下午还是明天早上？"

张厂长："那定在明天早上吧。"

胡雪："那好吧，再见。"说完，胡雪就挂了电话。

第二天一早，胡雪带着合同来拜访张厂长。可是到了约好的时间，迟迟不见张厂长露面，胡雪拨通了张厂长的电话，张厂长抱歉地说："我正在会见一个非常重要的客户，有时间再约。"

可是从那之后，胡雪再没有和张厂长见面并谈合同。就这样，原本很好的合作被胡雪先挂电话的声音给毁了。

从上面的故事中可以了解到，每个人都喜欢交流合作有个良好的结束。客户也是一样的，希望销售员等待自己先挂电话，而不是听到销售员先挂电话的声音。如果销售员先挂电话，会让客户觉得销售员非常讨厌与自己合作，有一种不被尊重的感觉。客户有了这种感觉，就意味着最终的合作会失败。

每个人都希望被尊重。就在挂电话的这一瞬间，客户感受到了这份尊重，那么心理就会得到满足。如果销售员不注意细节，抢在客户前面挂电话，让客户感觉不受重视，就意味着最终的合作失败。那么，销售员如何结束电话沟通才能赢得客户的青睐呢?

◆ 要让客户提出结束谈话

销售员和客户的交流中，销售员不要急着提出结束谈话，而让客户提出来，销售员提出来让客户觉得对方很不乐意和自己交流，而且对于销售员来说，自己本身就是一个服务者，随时准备解答客户的所有问题。要是客户还有其他问题，销售员提出结束谈话，无疑会传递给客户拒绝合作这样一个信息。所以，在销售员和客户交流时，销售员不要急着提出结束谈话，等客户觉得没有其他问题了，由客户提出来。当然前提是销售员没有着急的事情需要处理。如果销售员有着急的事情需要处理，一定要表示歉意，并获得对方的理解。随后一定要回电话过去。

◆ 要让客户先说“再见”

有很多销售员在和客户沟通完，客户刚表示要结束通话，销售员紧跟着一个“再见”。往往销售员会因为抢在客户前面说“再见”而导致合作失败。既然客户提出来要结束谈话，那么一定要把说“再见”的优先权留给客户，让客户觉得是自己决定了这次谈话的结束，而不是销售员迫不及待地想要结束谈话。

◆ 要让客户先挂电话

当客户说完“再见”之后，销售员出于礼貌也要和客户说“再见”，随后销售员要耐心等待客户挂电话。等客户挂电话之后，销售员再挂断电话，这样一来让客户觉得销售员依依不舍地结束谈话。客户感受到了销售员的这份依恋，自然会对销售员回报以真情。尽管彼此都看不见对方，但是却能在几秒耐心的等待中将依恋和不舍表达出来。所以，销售员不要抢在客户前挂电话，要让客户受到足够的尊重和礼遇。

记住点滴需求，打动客户内心

张雨是某软件销售公司的销售员。他有个习惯，总是在拜访客户的时候准备一个小本子，和客户的沟通交流中，随时随地记下客户的要求。拜访完客户，再做资料整理。

一次，张雨一边倾听客户说话，一边认真做着记录。突然，客户的一句题外话引起了张雨的注意，客户在无意中聊到了这次采购的总量。张雨赶紧记了下来，顺便在和客户的聊天中记下了将要准备合作的厂家。

拜访完客户，张雨立即花了两天着手制作了一份项目采购书，邮递给了客户。原来客户所透露的很多产品他们公司都在运作，而且相当成熟，价位在同类市场中也不是很高。几天之后，客户打来电话，表示只要是张雨所在公司运作的软件，对方全部采购。

就这样，张雨无意中记下的一句话，给他带来了很大的一笔生意。

从上面的故事中可以了解到，客户在谈话的时候，会将自己的要求告诉销售员，对于销售员来说，能否将客户的要求记下来直接关系着最终的合作能否成功。就算销售员的记性再好，也不可能完全记住客户的要求。所以，带个笔记本随时记录，对于销售工作非常重要。当客户提过的要求，被销售员完全记住的时候，无形之中，客户就被销售员感动了。

没有人的记性好到听一遍就能记住的程度，对于销售人员来说，随时记下客户的要求非常重要。那么，销售员在记下客户要求的同时，要注意哪些方面的问题呢?

◆ 要随身携带纸笔

对于销售员来说，客户的信息就是金钱，就是价值。所以，随身携带纸笔，记下随时一切信息。销售员可以准备一个精致的笔记本，多准备几支笔。确保在有用信息出现之后，能以最快的速度记下来。在和客户交流时，要认真记录，不但记录客户的各种信息，还要尽可能地完善客户的资料，为以后进一步合作做好充足的准备。对于销售员来说，多记录一点信息，就是多一个赚钱的机会。

◆ 记录要详尽准确

销售员所做的记录一定程度上影响着销售员的决策。所以，在做记录的时候，销售员要做到尽可能的详尽和准确。这样一来，销售员才能赢得客户的尊重和信赖。对客户的信息了解得越准确，就越能迅速地俘获客户的心。

参考文献

[1]安泽.消费者行为心理学［M］.苏州：古吴轩出版社，2019.

[2]张易轩.消费者行为心理学［M］.北京：中国商业出版社，2014.

[3]牧之.消费者行为心理学［M］.南昌：江西美术出版社，2017.

[4]罗琼.消费行为与服务心理学［M］.北京：中国劳动社会保障出版社，2015.